家和万事兴

——一个家庭的生命历程

王纪芒　彭铟旎　著

金盾出版社

内 容 提 要

在现代社会中，家庭这个社会生活的基本单位，正发生着许多耐人寻味的变化：试婚、离婚、婚外恋、丁克家庭、独身主义、家庭暴力、望子成龙、黄昏恋等等。本书揭示了每个人在成人以后的每个阶段，可能会遇到的困惑和问题，并提出排解这些困惑和问题的方法及方法背后的道理。作者动之以情，晓之以理，使其作品可读、耐读，并能读出新意。

图书在版编目(CIP)数据

家和万事兴/王纪芒，彭锢旎著. —北京：金盾出版社，2004.3

(家庭社会学丛书)

ISBN 978-7-5082-2827-3

Ⅰ.家… Ⅱ.①王…②彭… Ⅲ.家庭社会学 Ⅳ.C913.11

中国版本图书馆 CIP 数据核字(2004)第 005772 号

金盾出版社出版、总发行

北京太平路 5 号(地铁万寿路站往南)

邮政编码：100036 电话：68214039 83219215

传真：68276683 网址：www.jdcbs.cn

封面印刷：北京天宇星印刷厂

正文印刷：北京金星剑印刷有限公司

装订：桃园装订厂

各地新华书店经销

开本：787×1092 1/32 印张：7.25 字数：147 千字

2009 年 4 月第 1 版第 4 次印刷

印数：31001～61000 册 定价：8.50 元

序

今年春天，金盾出版社的编辑王金相先生打电话找到我，说起想出版关于普及家庭和婚姻方面知识的书籍，力邀我来写，并且说，如果我实在忙，可以帮着他组稿，找合适的人写，我参与或不参与都可以。婚姻和家庭虽然是我研究的一个重要领域，并且从进入这个领域到现在也已经有了20多年的研究经历，按说承应下来也不算是一件为难的事，但因为我手头有很多事情尚未做完，而且我与王先生素不相识，以前也没有见过面(至今还没有见过)，按我以前的惯例，这样的事情也就婉言回绝，拉倒了。这次却不知怎么的，从王先生的话语中感受到他的诚意，就阴差阳错地答应了下来。

答应了下来却又费了踌躇：自己不能写，找谁写呢？把自己熟识的人和学生反复掂量，忽然觉得王纪芒是个合适的人选。她1993年从北京大学社会学系硕士研究生毕业后一直在中央民族大学任教，2001年又考上了我们北大社会学系的博士研究生，正跟着我做着家庭社会学方向研究，并以此来完成自己的博士学位论文，应该说已经有了相当的积累，完成这样一本书的写作应该没有问题。所以我就找王纪芒商量。她倒是很痛快地答应了，只是说一个人做可能完稿的时间紧了点，因为她在中央民族大学还有教学任务，希望能再找一个人一起做，同时说自己第一次做，心里不是很有底，希望我能帮她一下。这样，我就为她物色了合作者彭铟旎，她是北大社会学系的硕士研究生，在北大社会学系读本科的时候就已经开始跟着我做农村家庭方面的调查，对这一领域并不陌生，对社会也有了相当深刻和细致的体察，我相信她能胜任。所以，虽然中间因为"非典"在北京蔓延受了点影响，但她们基本上还是按期完成了任务。

书稿完成，我是最先的读者之一。书稿章节，基本上是根据一个人在步入恋爱和婚姻阶段之后的生命历程来安排的。在这样的安排中我读出了作者对人生的体悟，也读出了她们对家庭婚姻的严肃态度：她们要做的是这样的事情，即告诉读者，在当今物欲横流，对金钱和物质享受的追求正在逐步侵蚀社会生活的各个领域的时候，她们希望这本小书能实现她们自己的一个美好的心愿——愿天下有情人终成眷属且白头到老。她们用女性特有的细致的笔触，揭出了每个人在成人之后的每个阶段，可能会遇到的困惑和问题，又将排解这些困惑和问题的方法及方法背后的道理娓娓道来。动之以情，晓之以理，用心不可谓不苦，亦不可谓不善。更为可贵的是，她们的叙述和分析始终没有离开社会学的知识背景和理论视角，在通俗易懂的背后，有着她们自己的学术理念和学术追求，也有她们对社会现象的思考和经由思考达致的新发现。这就使这本小书可读，耐读，能读出新意。只有熟知这样的创作甘苦的人才会知道，单单做到这一条，就要耗费作者多少心血！坦率地说，她们现在做到的，已经超出了我的期望，然而也正是因为超出了我的期望，才让我感到由衷的欣慰。为此，我衷心地感谢两位作者，同样，我也衷心地感谢书稿的责任编辑王金相先生，感谢他为作者提供了这样一个机会。

杨善华

2003年10月18日

于北大中关园

（杨善华为北京大学社会学系教授、博士生导师）

作者的话

我们大多数人都会成家，我们一生中的大多数时间都要在家庭中度过。

都说，家是“温馨的港湾，心灵的驿站，情感的归宿，社会的细胞”。是的，家是我们把心放在那里的地方，是我们寄托了太多的情感和伦理理想的地方。

古人讲修身、齐家、治国、平天下。认为一个内可以修身养性、经营家庭的人，外则可以治国安邦；齐家治国的根本道德原则就是忠孝。可见，中国文化特别看重家庭的价值。

而在变动不居的现代社会中，家庭这个社会生活的基本单位正在经历着前所未有的裂变，充满着太多的变数，出现了许多耐人寻味的变化：试婚、离婚、婚外恋、家庭暴力、望子成龙、黄昏恋等。要想理解这些婚姻家庭现象，会遇到许多困难，其中最大的障碍来自我们自己。因为我们每个人都身处家庭之中，我们对于家庭、爱情和婚姻有着太多的感情色彩，在评价婚姻家庭诸般现象时不免又有太多的道德标准，所以要做出客观的分析也就不那么容易。

每个人都有自己的价值观。价值观是人们关于世界或社会“应该如何”的一种主观意愿。在生活中，每个人都自觉或不自觉地对事物做出自己的价值判断。我们的专业是社会学，研究方向是婚姻家庭。记得在学习社会学之初，我们的老师就借用德国社会学家马克斯·韦伯的观点告诫我们，社会科学的研究在选择课题时和研究角度上受价值观的影响是不可避免的，但当他进入研究阶段之后就应当排除个人偏好和价值取向，做到价值中立。

在个人偏好和价值观的影响下，我们选择了婚姻家庭现象来做研究。本书就试图从择偶、结婚，到婚后的调适、磨合；从夫妻之间的相处，家庭对子女的教育，到中年、老年期的家庭，从时间的维度对家庭生命历程做了一个全景式的粗略分析和概括。

我们想站在价值中立的立场上，以客观、冷静、理性的态度去分析诸种问题。我们每个人在成家立业的过程中都经历了和正在经历着家庭生活的风风雨雨、喜怒哀乐、酸甜苦辣；对很多现象我们有困惑，有思考，通过研究有所感；我们不敢说已经做到了价值中立，但我们至少在努力地这样做。那么，只有当我们心平气和地去看问题时，才能心平气和地解决问题，也就应了中国那句老话：家和万事兴。

感谢金盾出版社的领导和王金相编辑，使我们有机会去做这样一件有意义的事情，使我们有机会和大家进行交流。

感谢我们的导师，北京大学社会学系的杨善华教授，他在繁忙的教学科研之余通读了全部书稿，并提出了许多中肯的意见和建议。杨善华教授还为本书作序，给了我们莫大的鞭策和鼓励。

本书由王纪芒、彭铟旎二人撰写。王纪芒负责第一、四、五、六、七章，彭铟旎负责第二、三章。书中不当之处，敬请广大读者批评指正。

作　者

2003 年 9 月

插图:钟　鸣

目　　录

第一章　社会角色的转换

在我们现实的生活中，经常可以看到这样的事实：情投意合、彼此爱慕的青年男女，通过一定的手续和仪式结为夫妻，组成家庭，然后养育孩子，直到孩子长大独立。我们大多数人都要结婚，大多数人都会养育自己的孩子（当然现在有少数特立独行的人不愿意生育自己的后代），大多数人的大多数时间都要这样度过。这样一套活动我们大家都很熟悉，在普通人的眼里往往也并不引人关注。其实，仔细想来，这里面大有深意可挖。

你和谁结婚，这是你自己的事情吗？

你什么时候结婚，这件事情你自己说了算吗？

结婚对一个人意味着什么？过去的婚姻不讲爱情，女人要“从一而终”，要“嫁鸡随鸡，嫁狗随狗，嫁个木头抱着走”，现代人可不这么傻了，我不爱他（她）可不会嫁（娶）他（她）；因为爱而结婚，然而又有人发出“婚姻是爱情的坟墓”的感叹。即便如此，还是有人义无反顾地往这个坟墓里跳进去。在婚姻这个“围城”里，上演着一幕又一幕的人间悲喜剧。

从个人的生命历程来看，我们往往把“成家”和“立业”联系在一起，这就意味着一个人的成熟，而成熟意味着转变。也就是说，婚姻对个人来说，不仅仅是成家那么简单,而是意味着他(她)从此是一个独立的个体了,他(她)的社会角色发生变化了,别人对他(她)的期望和他(她)未结婚时大大地不一样了。

1. 什么时候结婚才合适?

先套用一句人人熟知的俗语:男大当婚,女大当嫁。人到了一定的年龄就要结婚成家,似乎是很自然的事情,也是大多数人的生活选择。那么,究竟多大是“当婚”和“当嫁”的年龄,在有着更大宽容和较多选择自由的现代社会,这似乎仅仅是关乎个人的私事:我什么时候结婚,和谁结婚,甚至我要不要结婚,还不是我自己说了算。现在我们就探讨一下,真的是你自己说了算吗?

大多数国家的法律对其公民的结婚年龄都有明确具体的规定。我国公民的法定结婚年龄是男22周岁,女20周岁。法律对婚龄的约束,是结婚年龄的最低限度,它更多的是从人体生长发育规律的角度,也就是生物学的角度来设定的。解放前,中国大部分地区有早婚的习俗,典型的例子如童养媳、指腹为婚等(当然,即使是现在,在一些偏远的农村也仍然可以看到十四五岁就结婚生子的现象,不过这不具有普遍性)。这些风俗带来的消极后果也是明显的:他们自己还是孩子,又怎么能够承担起抚育和教育后代的责任呢?这样显然不利于人口素质的提高。因此,对婚龄的限制是很有必要的。

另外,我们还可以从社会学的角度来分析一下,一个人什么时候结婚最合适的问题。

随着社会的发展，人民生活水平的提高，我们应该注意这样一个生物学的事实，就是青少年的性成熟的年龄较几十年前有所提前，而现行的《婚姻法》较之上一部《婚姻法》对婚龄的规定又提高了两年，社会学家形象地将人的性成熟到结婚之间的一段时间称之为"性的待业期"。在这里，有个假定的前提，即认为人的性生活从结婚时开始。那么，我们不禁要问了，为什么人的生理成熟期提前了，而法定的结婚年龄却在推迟？假如我们仅仅从人体发育的生物学规律来看这个问题是解释不通的。因此，我们必须引入社会学的视角，从个体的成长谈起。

①长大成人：人的社会化

众所周知，一个小孩生下来，只会吃喝拉撒睡，而没有任何生存的本领和技能。父母对每一个新出生的孩子要百般呵护，无微不至地照顾，一把屎、一把尿地拉扯大。我们骂人的时候常常用“小畜生”这个字眼，这个字眼十分耐人寻味。一方面，孩子就像小畜生一样未接受社会的教化，缺少成为正常人的许多条件；另一方面则是说不懂规矩的人就像小孩或畜生一样需要我们的社会来教化，没有规矩，不成方圆。而这教化的过程，有着极其复杂的内容：衣食住行谋生的技能，待人接物的礼貌等，统统是要学习的。用社会学的术语来讲，这个学习和教化的过程就是社会化的过程，就是人从小不点儿的不知不识、依靠别人照顾的个体，变成可以自己谋生，言谈举止又符合社会要求的成人的过程。

那么，这个过程又和什么时候结婚有什么关系呢？

②越来越复杂的社会

当我们完成了基本的社会化，成为合格的社会一分子，取得了社会成员的资格，走向社会时，很多人就开始面临着这样一个问题：是先成家后立业还是先立业后成家？在农村，许多年轻人选择前者；而在城市，很多年轻人选择后者。就是说，农村青年的结婚年龄比城市青年要低。之所以产生这种区别，我们还得看一看农村和城市的不同。

一般来讲，农村人口中大部分受教育水平比较低，他们早早的离开学校，走向社会。从农村的经济发展水平来看，我国大部分农村是一家一户小规模经营，用简单的

农具，没有大片的农田可耕种，不需要太高深的科学技术知识，种了粮食主要自己吃，子承父业，农业劳动就是一个简单的劳动过程。再者，除了农业劳动之外，虽然也有一些其他的职业，但毕竟属于少数；农村也就没有那么多的职业去供人选择了。没那么大的生存压力，又从事较简单的劳动，早早结婚过日子。可以说，农村青年早婚（相对于城市来讲）的风气其实是农村特定的生存环境的一种后果。那么，我们同样可以预期，随着农村的发展变化，农村青年的结婚年龄也会提高，只是这种提高是一个非常缓慢的过程。

如果说农村代表着传统和相对比较落后的社会，城市则无疑代表着开放、先进与发达。城市中广为分布着各种各样的机关、工厂、学校、商场；城市人从事着各色的职业：清洁工、售货员、教师、记者、演艺明星；从蓝领到白领，从普通市民到政府高官，五花八门，又何止三百六十行。在这个复杂的社会中，新事物层出不穷，新的科学技术不断涌现；城市在社会生活中的中心位置使得它在社会变化的大潮中独领风骚。那么，作为城市社会的一分子，只能活到老，学到老，不断提高自己的生存竞争的能力。古人就曾经感慨：居长安，大不易。所以我们看到城市居民整天忙忙碌碌，实在是因为他们有着更大的压力。那么，作为城市的年轻人，他们如果要成家，要养家糊口，没有一定的经济实力，谈何容易。因此我们看到，在城市中，我们周围有着那么多的“大龄”青年、独身者。从他们每个人自身来讲，“大龄”的原因也许各不相同，我们也可以将之归结于个人的因素，实不知在这些个人的原因背后，的确存在着一种强大的社会力量在影响着个人的行为和选择。个人的就是社会的，我们生活于社会中而不是真空中。

费孝通先生在他的《生育制度》中说过这样的话："一个人在比较复杂的社会中成年也比较晚。一方面因为工作的性质逐渐脱离体力劳动，延长了退伍的年龄以及一般寿命的增加和死亡率的减弱，使社会的继替过程发生了重要的变化……成年较晚，使一辈生理已经成熟的青年男女不能不在社会的预备机构中消磨他们的青春，实行晚婚，甚至可以晚到连结婚的兴致都丧失了。"

2. 择偶——你要和谁结婚？要不要门当户对？

说到择偶中的门当户对，可能会引起很多人的反感：现代浪漫爱情讲究的是情投意合，要什么门当户对！看很多古典的戏曲，对门当户对的观念大加鞭笞，似乎它只代表一种陈旧和过时的观念。那么，择偶时真的可以不要门当户对吗？

从人类历史的发展来看，择偶的形式大抵有两种：一种是由父母和长辈指定的包办婚，所谓的"父母之命，媒妁之言"。另一种是由当事人自己做主的自由婚。在包办婚的模式里，当事人之间有无情感不是人们考虑的问题，婚姻更多的是两个家庭之间的事情。长辈们要考虑的是两家门户是否相当，通过联姻能否扩大自己的政治影响，或求得更大的安全，或是与朋友或长期的盟友保持

良好的关系。当然,父母们往往认为自己是在“为儿女选择最好的配偶”,他们也不是成心要为儿女们找一门恶姻缘。

在自主婚的模式中,年轻人大多反对这种讨价还价的类似市场交易的行为。他们认为自己的结婚对象是按照自己的意志自由决定的,并不应该计较利害得失,并不一定要门当户对,讲究的是应该情投意合。关键就在这“投合”二字上。和一个异性脾气相投,意见相合,是每个人的爱情理想。但这实在不是一件容易的事情,需要很多的条件。

鲁迅先生说过很幽默的一句话:“贾府的焦大是不会爱上林妹妹的。”说的是人与人之间的深刻差别会成为一种客观存在的鸿沟,从而阻断某一类人和另一类人之间的交往,也正应了“物以类聚,人以群分”的那句格言。试想一下,你如何能够和一个与你自己的想法、观念相差十万八千里的人去发展亲密的情感关系呢?而你的想法和观念又是如何形成的呢?

①心理学家的研究

在心理学中,人与人之间的相互喜欢和接纳,是一个古老而有生命力的问题。而爱情,无疑是喜欢和接纳的一种最强烈的形式。心理学在研究人际吸引时发现了一个重要的命题:相似会导致人际吸引。

美国的著名社会心理学家纽科姆(T. Newcomb)曾经做过一个有趣的实验。他们在对一些新入学的大学生提供住房的时候,分配一部分特征相似的学生住在一起,而

让另一部分特征相异的学生住在一起。结果，一起居住的特征相似的学生倾向于彼此相互接受和喜欢，并成为好友；而一起居住的特征相异的学生虽然同样朝夕相处，但还是倾向于难以相互喜欢并建立友谊。

日常生活中，各种情况的相似都能引起程度不同的人际吸引效应。共同的态度、信仰、价值观和兴趣；共同的语言、种族、国籍、出生地；共同的民族、文化、宗教背景；共同的教育水平、年龄、职业、社会阶层；乃至共同的身体特征如身高、体重等，都能在一定的条件下不同程度地增加人们的相互吸引。

老乡见老乡，两眼泪汪汪，说的就是在相异的环境里见到有相似特征的人时所激发的强烈的人际吸引。

“门当户对”显然是一种相似性。旧时的婚姻没有浪漫爱情做为前提，那时的门当户对可以仅指缔结婚姻的双方在经济实力、社会地位等方面的一致性；现代的浪漫爱情我们表面上看没有太多的条件，实际上在每个人的潜意识当中都有一套衡量人的标准，这种标准是受到人际吸引的相似规律支配的：焦大不会爱林妹妹，一个大学生不会爱上一个文盲，办公室的白领不会爱上扫大街的清洁工；我们每个人的内心都有一杆秤，称得出自己和对方半斤八两。

相似性为什么会引起人际吸引？心理学的解释认为，相似的对方更符合主体关于自我的认识。人在本质上是自恋的，每个人最爱的是自己；那么爱屋及乌，表面上看是爱对方，实际上爱的是自己；从爱自己推广到爱与

自己有相似特征的人，和某人情投意合就是他/她在某一方面或某些方面和你“臭味相投”，心有灵犀。因此，相似性就是我们在寻找配偶时典型的心理特征。

《圣经》上说，上帝造了亚当以后，见他一个人太孤单，就把所有的动物都带到亚当的面前，让他选择一个可做配偶的对象，可是亚当一个也没有看上。等亚当睡着后，上帝就从亚当的身上取了一条肋骨，造了一个和亚当相似的人，只是二人的性器官有所不同。亚当醒来，见到这个配偶就特别喜欢，说：“这是我的骨中骨，肉中肉。可以称她为女人，因为她是从男人身上取出来的。”夏娃是亚当的一部分，亚当喜欢夏娃其实就是喜欢他自己。上帝看透了亚当的自恋，才造了一个和亚当相似的人，让他们彼此吸引。

②灰姑娘的神话

在神话故事中，灰姑娘嫁给王子的结局打动了多少少女的芳心，然而这种传奇我们只能在神话中找到。更何况，灰姑娘本身就是个落难的公主，和王子仍然是门当户对。现实中富家子弟爱美人的故事并不新鲜，可真正的灰姑娘的结局终归有点儿灰色和暗淡。英国的戴安娜王妃和查尔斯王子可以称得上是现代版的灰姑娘童话。戴安娜出身平民，因为自己的美貌而被王子看中；可是王子移情别恋，爱上了卡米拉，卡米拉其貌不扬，然而聪明并且善解人意，出身高贵，还可以跟王子谈哲学；戴妃呢，同样也不能忍受英国皇宫里的规矩正统，礼仪烦琐。戴安娜和查尔斯的差距不言自明，他们的结果令人唏嘘。除了一些我们不知道的原因外，谁又能说他们的爱情悲剧中没有门户不相当的因素呢？

寻找你的另一半时，找一个和自己各方面的条件都相当的人。这是我给你的忠告。要想婚姻长久，这也应该是每个人现实的选择。

3. 初为人妻和初为人夫

“彝族新娘出嫁要哭，越呜呜咽咽地哭个不停，就越会赢得亲人们的称赞。新娘边哭边唱，内容自然是彝族古老的民歌《妈妈的女儿》，唱出对妈妈的深情和不愿离去的心情。”

（摘自《现代家庭》2003.1）

①结婚——转换你的角色

无独有偶，我的家乡也有这样的风俗，就是姑娘出嫁的时候，一定要哭着出娘家门，将来的日子才能红红火火。小时的我很是不明白，都说结婚是一件大喜事，你没看到娶新娘子时那热闹的鞭炮声，吹吹打打的唢呐声，和洋溢在人们脸上的喜庆，可为什么新娘子一定要哭哭啼啼呢？我百思不得其解。问父母，妈妈只是告诉我，女儿要离开妈妈到婆婆家，哪能和在自己的妈妈身边相比。

这个理由依然不是很充分。后来逐渐地知道，哭嫁的风俗在许多地方都有。随着自己年龄渐长，成家立业，我渐渐地明白，这其实是一种民间的智慧，是一种仪式，等于向当事人宣告了一个崭新的人生阶段；哭嫁的仪式就像事先打的预防针，告诉你将要经历的新的人生阶段，可能并不像你所预想的那么美妙。

②关于爱情

什么是爱情？这是一个很深的理论问题和实践问题。许多人都想洞悉爱的真谛，人们对它已经探讨了几千年，其中不乏真知灼见。比如古希腊时期的著名哲学家柏拉图就曾经提出所谓的精神之爱，或我们现在称之为的“柏拉图式的爱情”。柏拉图认为爱只能是心灵上的，而不是肉体上的；据此他甚至推论说爱情只能存在于同性之间，在异性之间不可能有真正的爱，因为异性相吸，相互之间不可避免地会存在肉体上的接触。这不是爱情，而是龌龊，真正的爱情是摒弃肉体的欲望的。由此可以看出，柏拉图式的爱，与我们现在所说的爱情的内涵，有着本质的不同，两种爱不是一个概念。

在公元1世纪的时候，有一位罗马的诗人出来和柏拉图唱反调，认为爱情就是性的、色情的、肉体的。爱情就是性，所谓心灵和情感不过是男女之间虚伪、矫饰的表现；爱情本身是一种嫉妒性和游戏性的斗争。

到了10至11世纪，西方人又把“心灵之爱”和“肉体之爱”结合起来，创造了所谓的“罗曼蒂克”式的爱。既承认爱情包括心灵的默契，又不否认它所含有的性吸引的成分。

在西方的心理学家那里，他们则将爱情具体化为五个层面的内容：“爱情（love），感情（feeling），愉悦或曰喜爱（enjoy），尝试或曰品味（taste），本能（ego）。”

据此我们可以将爱情简单地理解为，爱情既是一种出于性的吸引和冲动的本能需求，同时也是由这种吸引所引起的心理上的两情相悦，和深深眷恋的亲密情感。这种心理和情感看不见，摸不着，但有时会带着一种不顾一切的冲动，给相爱的双方带来无限的憧憬和向往。难怪有的人说爱情是人的一种病态，谈恋爱的人都是在发疯。

浪漫爱情通常只能持续一定的时间。对于为了白头到老而缔结婚姻的设想，它似乎没有足够的约束力和承受能力。

③关于婚姻

婚姻的要义和爱情有着本质的不同。如果说爱情的目标在于建立一种最深刻的人际关系和情感依恋，那么，

婚姻则是要组成一个赖以日常生活的社会基本单位;婚姻并不是主要为情爱——性欲而存在的机构。爱情只关乎情感,而婚姻则关乎一种生活方式。

费孝通先生认为:“婚姻是社会为孩子确定父母的手段”,“每一个社会所容许出生的孩子必须能得到有人抚育他的保证。男女相约共同担负抚育他们所生孩子的责任就是婚姻”。“用社会力量保证生出来的孩子不但有母而且有父,于是有婚姻。我说婚姻是用社会力量造成的,单靠性的冲动和儿女私情并不足以建立长久合作抚育子女的关系来的。”

费先生的话说得再明白不过了。我们但见国家有颁布的《婚姻法》而没有所谓的《爱情法》,说到底,爱情是两个人之间的私事,而婚姻是一套社会的契约和制度,是男女进行合作生活和生育的一种方式。爱情与婚姻完全是两码事,二者并不必然地联系在一起。

在中国古代,婚姻与爱情甚至可以说是完全分离的,个人根本不能选择他(她)的结婚对象,更不用说因为爱情而选择伴侣了。梁山伯与祝英台,《孔雀东南飞》里的刘兰芝与焦仲卿,他们被千古传唱的凄美爱情都以悲剧收场,一方面让我们看到封建礼教对人性的压抑和对爱情的贬低,另一方面又潜在地表明着爱情与婚姻之间的对立和不同。在中国的传统社会里,男女二人不必见面,不必相识;全凭父母之命,媒妁之言,拜过天地,送入洞房,就可以传宗接代,生儿育女。婚姻的全部意义就在于此。《礼记》上说:“昏(婚)礼者,将合二姓之好,上以事宗庙,而下以继后世也。故君子重之。"冯友兰先生也说:"儒家论夫妇关系时,但言夫妇有别,从未言夫妇有爱。"

《礼记》上还有这样的记载:"嫁女之家三夜不熄烛,娶妇之家三日不举乐。""昏(婚)礼不贺。"我们现在读来颇有些悲壮的调子,全然没有想像之中婚礼的喜庆和热闹。费孝通先生因此说:"在儒家看来,婚姻所缔结的这个契约中,若把生活的享受除外,把感情的满足提开,剩下的只是人生的担子,含辛茹苦,一身是汗。夫妇的结合到这个地步差不多只是事业上的合作了。"

在我们中国,将浪漫爱情与婚姻相结合,是五四新文化运动以后的事情,可以说是在中国的婚姻家庭领域内的革命性的变革。现代人眼里的完美婚姻必是以爱情为基础,是追求爱情的结果。人们谈论爱情,用诗歌、小说、

电影电视作品来讴歌爱情的神圣，围绕全部婚姻的理想都和这种罗曼蒂克的爱情理想相联系；许多人甚至相信离婚的原因就是婚姻中缺乏这种爱。而在事实上，如果单是为了满足男女之间的情爱关系，只要当事人愿意就可以，或仅有爱情也可以，人类大可不必有婚姻家庭；同样，现代的婚姻讲究以爱情为基础，但爱情在婚姻家庭中的地位变化并未改变婚姻的社会性。光有罗曼蒂克式的爱情还不能成为建立持久婚姻的理想基础。从根本上来讲，人类终归要生儿育女，繁衍后代，我们的社会就会用一系列的法律、规范和道德来约束婚姻，保证每个人能够承担这种社会义务。这个社会的义务目前来看，依然是由家庭来完成的。

④关于社会角色的转变

明白了爱情与婚姻的本质区别，就可以很容易地明白，准备步入婚姻殿堂的人，就要准备好自己的社会角色的转换。

著名的性学专家潘绥铭认为，“婚姻对男女来说，都表示着一种社会地位，一种被公认的成熟”。“哭嫁”的风俗含蓄地告诉了你的将来，你至少不能把将来想像得过于美妙。我们现代人也许不去追究“哭嫁”原初的意义，我们也可以把它看作是儒家对婚姻的传统意识的遗风。在西方，婚礼是由牧师来主持的，神圣而庄严，还要由牧师来监督，要二人永远相亲相爱，不论是疾病和痛苦。世俗化也好，神圣化也好，二者其实异曲同工。反正，你要结婚了，你就要对将来的生活有所准备。

社会角色的意思，是指我们每个人在社会中都占据着某个特定的位置，与此位置相连的是你的一套行为标准和模式。社会就像个大舞台，我们在这个大舞台上扮演着各式各样的角色。就是说，对于每个特定位置的人，社会上都有一套被大家所期望和认可的行为。你是父亲，对孩子就要关爱；是教师，就应该教书育人；是大夫，就应该救死扶伤。没结婚的时候，你是女儿，姐妹；结了婚，你还是妻子，儿媳，嫂子；你成家了，成熟了，社会关系复杂了，就该抛弃那种小儿女的心态，不能指望一直被呵护着，来面对一个崭新的人生阶段。对男人来说同样如此：你从男孩转变成一个男人，一个男子汉，大丈夫，要和妻子一同去经营共同的家；你也不能认为自己终于完成了“从奴隶到将军”的改变，对妻子可以颐指气使。双方都明白了这一点，就可以在婚姻生活中既能享受生活的乐趣，琴瑟相谐，实现浪漫情感，又能有现实的生活，完成各自在家庭中的义务。

记住，婚姻已经使你踏入了人生的又一个旅程。一种新生活开始了，它不仅仅有鲜花，还有荆棘；不仅仅有感情，还有义务。不论你们婚前有多么浪漫，婚后都要面对现实的生活。爱情是情感，而婚姻则是生活。

4. 两个人的世界——相爱简单，相处太难

我和老公是经人介绍相识，恋爱期间相处很融洽，双方父母也都很满意。一年后，我们结了婚。本以为婚姻是幸福的开始，谁知走进婚姻才发现竟是

幸福的终结，才明白为什么“相爱总是简单，相处太难”——我俩不知怎么总是吵架，可奇怪的是，当时吵得天翻地覆，过后却弄不明白为什么吵。举个例子吧——

下班回到家中，我匆匆换上衣服下厨房做饭，不一会儿便汗流满面，油锅热了，可我还没切好菜……我手忙脚乱，不由得火气上升，便向丈夫喊起来：“帮我把毛巾拿来！”他一声不响地拿着毛巾走过来，递给我后转身就走，见他既不问候我一下表示关怀，也不帮我一把，甚至还有些不高兴的样子，我更生气了，冲着他喊道：“没见我忙得够呛吗，也不知搭把手！真是没心没肺！”

“你啰嗦什么呀，不就煮个饭吗？”

我一下子急了，从厨房冲出来，大声说：“你不稀罕，我也不煮了，谁也别吃！”随之脱下围裙套袖，往地下一扔，开始抱怨自己找了一个不体贴的丈夫。丈夫也急了，于是你来我往地吵了起来。

吵声不知何时停了下来，我趴在床上抽泣，丈夫悄悄走过来，搂住我说对不起，我不理他，他就打自己的耳光，我急忙起来拉住他的手，于是两个抱在一起。

仔细想一想，其实我们两个的确没有什么根本的利害冲突，我俩都是独生子女，父母不需要我们的资助。冷静下来的时候，我们都认为是爱对方的，按说互相爱着的两个人，有着宽敞的住房，较高的薪

水，应该是非常幸福甜蜜的，可我们怎么就没有这种感觉呢？为什么一丁点儿的小事就会导致一场战争？我俩的工作都很忙，压力很大，回到家就想身心放松，好有精神去工作，可现在，家却耗掉我们太多的精力，搞得我们心累神疲。可离婚？不甘心，也舍不得，因为我们都感觉自己深爱着对方。不离婚，又受不了整日争吵带来的伤痛，觉得这样过下去对彼此都是痛苦。你说我们这是怎么回事？”

（摘自杂志《家家乐》2003.1）

结婚了，终于可以和自己相爱的人天天生活在一起了，幸福的生活到来了。不是吗？神话故事中不是经常说：“从此，他们过着幸福的生活”。中国的小说中也往往是有情人终成眷属，入了洞房，小说到此便戛然而止。

可是，真正步入婚姻的男女们却发现，怎么再也没有想起他(她)就脸红心跳的感觉？怎么他(她)再不是那么的可爱？他(她)怎么有那么多缺点而我以前就没有发现呢？我们怎么为一点小事就吵架呢？早知如此何必当初呢？难道婚姻真的是爱情的坟墓？要真的是在坟墓里呆着倒也清净，然而爱情的坟墓里还有两个人，还要一起过日子，还免不了两个人的吵闹。我们不禁要问了，恋爱时爱得死去活来、如胶似漆的两人，如今怎么吵起架来像乌眼鸡似的，全然没有了对对方的美好感觉？

我们说，他们遇到了一个重要的问题：婚后的调适。

①为什么婚后需要调适？

许多结了婚的人未必明白，婚姻与爱情根本是两码事。在此，我们并不是说婚姻排斥爱情，而是说从婚姻与爱情的本质上来讲，它们存在区别。一方面，如我们前边所说，爱情是两个人之间的私事，而婚姻是一种社会的契约，二者并不必然地联系在一起。当然，我们现代人的大多数的爱情还是以婚姻为目的，婚姻以爱情为前提的；另一方面，婚姻中的夫妻交往的方式和恋爱时是大不一样了。大致表现有如下的几方面：

——从片面的接触到全方位的生活

结婚前，两个人不在一起生活，相爱的人仿佛生活在云中，可以不用关心世间的俗务；情人眼里出西施，对方的一举一动都是那么的赏心悦目，你会因为对方的某一个优点而觉得他(她)整个人的美好，在心理学上这叫光环效应。所以说爱情有时是盲目的，是缺乏理性和排斥考虑的;同时也是片面的。

结婚后,俩人整天厮守在一起。他们来自不同的家庭,有着不同的生活习惯。你们可能一个是北方人,一个是南方人;一个爱吃甜,一个爱吃咸,饭都吃不到一起去;你们可能一个喜欢挑灯夜读,另一个可能睡觉特别需要静谧的环境……如此等等,不一而足。尽管你们二人情投意合,但婚前没有一起生活的经历,你们之间有多少不一致的地方,怎能想像得到呢。让有着如此大的差异的两个人在一起生活还能和谐一致,想想都不是一件容易的事。你们毕竟是两个独立的个体,没有谁能充分地体会别人的甘苦,感到另一个人的休戚。我们必须承认这样的事实。

——从强烈的两性相吸到夫妻间的共同经营合作

爱情毫无疑问是基于强烈的异性相吸的男女之间的关爱和依恋。不切实际的浪漫只限于恋人之间。而一旦转入婚姻之中,不是小孩子过家家,而是过日子,日常生活的琐碎和具体就不得不去面对。开门七件事,柴米油盐酱醋茶,哪一样不要操心去操办?庸俗吗?然而这就是生活,人间终究不是天堂,你不能不过日子,你不能不食人间烟火。你必须认识到,情感与义务,在家庭中都是不可或缺的。不论我们如何看重爱情在婚姻中的分量,夫妻在家庭中的义务都没有消失。如上边的例子中,每个人都想在家庭中放松身心,可是家庭作为一个实体,有很多具体的事务,这些事务必须有人去承担,不管夫妻二人是分工也好,还是共同承担也好。如果在婚姻中一味

地把浪漫爱情视为婚姻的唯一标准，而忽略婚姻中双方的义务和责任，对婚姻的失望就不可避免。事实上，婚后夫妻间更多的是彼此合作对于家庭生活的经营，情爱可能变得平淡，感情更多的是体现在日常的关怀和理解中。

②如何调适婚后的夫妻关系？

结婚前在选择恋爱对象时，你要睁大双眼，别让爱情冲昏了头脑；而一旦结了婚，则不妨学一学猫头鹰，睁一只眼闭一只眼，得过且过。你们俩人毕竟是要打算过一辈子的，你们不能求全责备。世界上没有两片相同的树叶，也就没有两个相同的人；不管你们在婚前如何的情投意合，事实上你们都是两个独立的个体，都不可能在所有的事情上达到一致；没有任何一种婚姻制度许诺能够给人带来幸福，它只是保证双方的后代可以得到共同抚养。高度的融洽和默契是每一对夫妻所追求的理想状态，但它只是理想。

在大多数的传统社会里，人们往往认为，无论何种婚姻，只要不是特别有害的，夫妻就该厮守在一起。人们对婚姻的认识，更多的看到它所承担的义务和其不可避免的艰难与痛苦之处。而现代的人可能对婚姻稍有不满就难以忍受，那些过去的人能容忍的婚姻不合现象，现代人则非得抱怨或舍弃不可。现代人脾气大了，对彼此的要求高了，婚姻背负着沉重的感情包袱，他们太看重幸福、忠诚、浪漫、体贴这些东西；他们把爱情的理想拷贝到婚姻之中；许多人相识、疯狂相爱，在热烈的感情迸发中结为夫妻；他们期待爱情之树常青，爱情之花常开不败，他

们期待爱的动人心弦能在多年的日常事务中经久不衰；可当伴侣罗曼蒂克式的感情消失的时候，他们会觉得受骗了；那种认为激情应该持续存在的观念对双方都是一种压力；失望会引起婚姻中的种种辛酸，可能导致通奸、离婚、不满等等。当然我们不是说不该追求这些，也有些家庭在爱恨之外依然可以和平相处。我们是说，结婚以后，要想让婚姻这双鞋子合脚，你们就该给对方足够的宽容和理解，降低彼此的期望值。

现代以浪漫爱情为基础的婚姻，既有它的优势，又有先天的不足。美国著名心理学家霭理士说："旧时的一种观念认为婚姻有其不可避免的痛苦，现在这观念是不时髦了，不过痛苦依然存在，所不同的是方式已经换过罢了，而这种痛苦是从婚姻的内在性质所发出的。"费孝通先生也认为，"旧式婚姻因为承认夫妇的关系是痛苦的，所以要设法培养克服，所以肯下工夫。现代婚姻开头是一见倾心，接着是如胶似漆，一到结了婚，碰着真正现实的实验，发现了婚姻的痛苦，心理上既无准备，感情又好像受了欺骗，结果反而不在力求和洽上用工夫了。"这些大哲们把道理说得再透彻不过了。光有罗曼蒂克式的爱情还不能成为建立持久婚姻的理想基础，相互的支持和相似的背景对于持久的婚姻来说是最重要的。一位学者把一桩好的婚姻描述为"一种两人之间的最有助于双方最佳发展的关系"；"罗曼蒂克"式的爱情必须发展为"理性"的爱情——一种对对方真实的接受、交流，以及给予和接受对方的爱。

我们说降低彼此的期望值，并不是要你消极地看待夫妻关系。话说回来，家庭毕竟还是与我们每个人关系最密切的小群体，它需要我们去经营和投入。这种经营和投入既有物质上的，也有精神上和感情上的。在我们抱怨对方给予自己的关爱太少的时候，你是否该审视一下自己，你是否也给予了别人同样的关爱、理解和宽容？

5. 初为人母和初为人父

在紧张和不安当中，我的孩子终于降生了。从医院回到家，已被妈妈打扫得干干净净的房间等着我们娘俩的到来。回到家的感觉真好。

在整个"月子"期间，有妈妈无微不至的照顾，我每天的任务就是给小家伙喂奶，然后抱着他，看不够，心里充满了做妈妈的自豪。可是满月一到，老家给我打电话说，妈妈离开家的时间太长了，爸爸想妈妈了；再者爸爸年纪大了，离开妈妈的照顾根本不行。没办法，妈妈必须回老家。

我不能太自私不让妈妈走。

丈夫工作特别忙，早出晚归。妈妈走后，所有照顾孩子的事情我都要承担起来了。我每天的日程大体上这样：每天天不亮我就起床给孩子洗尿布，然后做早饭。等做完这一切，孩子也醒了，该给他喂奶了；然后我自己吃早点，打扫房间，推上孩子去菜市场，回来做午饭；下午趁孩子睡觉的时候做点家务，没完没了的事情。搞得我真是筋疲力尽，到晚上吃完饭,收拾好以后,累得腰酸背痛。

一天,我委屈得哭起来,越哭越伤心,要是有个人能帮我一下该多好啊!有了这个孩子以后,我什么都干不成:不能看书,不能去看电影,不能逛街,整天就是围着他转,晚上连个整觉都睡不成……早知道带孩子这么累,我还不如不生孩子呢……

(摘自某人的日记)

读完上边的文字后,自然地引出一个问题:孩子的降生意味着什么?大多数的家庭,在结婚后会诞生自己的后代。当这个凝聚着父母的期望和梦想的小生命呱呱坠地的时候,原本宁静的二人世界突然被吵闹、忙乱所替代。年轻的父母们除了欣慰和欢乐之外,还有一份紧张和不知所措。又一个新的世界向年轻的父母们展开了,很多的事情又开始悄悄地改变了,欢乐与沉重同时降临了。

用社会学的观点来看,孩子的降生,使得家庭成为一个完整的社会群体,家庭结构的重心与核心在于家庭结构中的基本三角。费孝通先生说:"社会结构中的真正三角是由共同情操所结合的儿女和他们的父母……婚姻的意义就在建立这社会结构中的基本三角。夫妇不只是男女间的两性关系,而且是共同向儿女负责的合作关系。在这个婚姻的契约中同时缔结了两种相联的社会关系——夫妇和亲子。"也就是说,从某种角度来讲,孩子的出生是夫妇关系完成的条件。我们在现实的生活中,也可

以发现，有很多夫妇是因为孩子出生以后才开始了真正的独立生活。

①孩子的降生给家庭带来的欢乐

人们如何看待孩子给家庭带来的欢乐，取决于对生育本身的认识。在我国的传统社会中，家庭的意义在于传宗接代，结婚的目的就是生儿育女。不孝有三，无后为大。夫妻之间的感情如何并不重要，生育出自己的后代，尤其是男性后代，就是家庭所有欢乐的源泉。我们可以把这种传统模式称之为“子女本位型”。这种传统观念，现在在农村依然大有市场。我们在农村就经常听人讲，过日子就是过人，没有人还有什么意思。所以在农村，经常看到含辛茹苦的父母，一辈子都在为儿女忙碌，为儿子盖上新房，娶一房媳妇，自己住在破房子里都心满意足。仿佛他们所有的希望都在孩子身上。在农村，最难听的骂人的字眼就是“老绝户”，他的祖上不积德，致使没有后代来给他接续香火。当然，我们很难说清楚，是由于中国传统上对夫妻感情的忽视导致了人们对生活兴趣的转移，还是由于太看重生儿育女而忽视了夫妻之间的情感。但是，把生育本身当成乐趣和幸福，这样的观念是深深地积淀在许多人的头脑中的。

具有现代观念的人，对生育的看法更达观一些。生孩子是家庭的义务，同时也是相爱的人的爱情结晶。前面我们说过，爱情最根本的心理就是爱自己，通过爱别人来爱自己，当我们看到自己的生命在孩子身上得到延续的时候，你没法不爱他。“孩子就是天使”，很多人这样来形容他们对自己孩子的喜爱。孩子本身,天真烂漫,纯真又包容,是生命中最美的事物。孩子还给了父母尝试无条件地去爱一个人的机会,丰富着人们对于爱的理解。

客观上来讲,正如费孝通先生所说,孩子给夫妇创造了一个共同的对将来的展望。人总是要死的,而孩子却能延续生命,也就能延续夫妇对将来的希望。因此,人们对于这空洞的将来的展望,通过孩子就可以具体地展示出来。结婚如果只是两性的享受,这种关系是不容易维持的。结婚同时也开启了另一种感情的序幕——生育一个孩子,孩子是两个人的,那么孩子的事情就是夫妇两人

一件共同的工作,一个共同的希望,一片共同的前途。孩子不但是夫妇生物的结合,同时也是夫妇性格上结合的媒介。由于孩子的加入,夫妇的关系也就有了长久持续下去的可能性。

对于孩子的希望,是一种对不可知的未来的执着,是人类带有一种宗教的终极色彩的追求。

②孩子的降生所带来的烦恼

孩子给家庭带来的,当然不仅仅是欢乐。我们把以爱情为本位的现代家庭称之为“夫妻本位型”。那么,在以浪漫爱情为基础的现代婚姻当中,孩子的加入肯定在较长时间内给婚姻带来压力,这种压力,不仅仅有物质上的,还有精神上的。

首先,我认为,中国社会的转型特征,也在影响着中国的婚姻家庭。一方面,许多家庭,尤其是城市家庭开始了从“子女本位型”向“夫妻本位型”的转变,他们开始看重夫妻关系;另一方面,中国根深蒂固的生育文化已经成为中国人最深刻的心理积淀,不时影响着夫妻关系,中国的夫妻很少有潇洒到不把孩子作为中心的。许多母亲在孩子出生后,把全部身心都放在孩子身上,而丈夫成为妻子注意的边缘,从而使丈夫产生被忽视的感觉,这时,丈夫往往吃孩子的醋。有的妻子认为自己给丈夫完成了传宗接代的任务,就不再理会丈夫合理的性要求,甚至和孩子一起睡,把丈夫撇在一边,冷落丈夫,致使夫妻关系受到伤害。从丈夫的角度来看呢,如果妻子把孩子当成中心,他会难以承受;可如果妻子不把孩子当成中心,他也会认为妻子不是称职的母亲。孩子的加入,毫无疑问,减少了夫妻间的独处。丈夫觉得受冷落,而妻子同样抱怨孩子占据了她的大部分精力,使她没有时间干自己原来想干的事情。丈夫和妻子,同样进退两难。

其次,夫妻之间有可能在如何教育孩子的观念上存在一些矛盾。夫妻两人意见不一致,甚至吵闹,对孩子的成长是不好的,也会影响到夫妻关系。我见过这样一个生动的例子:一周岁多一点的孩子,突然对台灯的开关产生了兴趣,他不停地开关。这时丈夫看见了,坚决要求制止孩子的这种行为,而妻子则认为此行为无害,况且当时家庭里的空间又那么小,对于孩子过于严格的约束,只能抹煞孩子的好奇心。丈夫一听,火冒三丈,说如果现在不对孩子进行管教,将来长大只能进监狱了。妻子说哪有那么严重。一来二去两个人吵起来,而且丈夫还动手打了妻子,给妻子的心里造成了很深的伤害。

在教育孩子的事情上,分歧是不可避免的。关键是,当夫妻之间的意见不一致时,最好的办法是暂时回避,事后冷静协商。

再次,夫妻之间还可能在家务活的分担上产生分歧。在城市的夫妻之间,这一点较农村的夫妻之间更明显。在农村,人们受传统思想的影响更大,妻子可能觉得照顾孩子天经地义是自己的事情;而在城市,妻子可能对男女的角色有更多平等的要求。另外,由于大多数城市妇女都有职业,在外工作,所以她们也只能用相对少的时间来顾及家庭。这时,如果养育孩子的家务活分担不合理,妻

子难免会产生怨言，如果丈夫又是那种特别大男子主义的人，家务活的分配无疑也会成为夫妻冲突的导火索。

6. 丁克家庭的出现

2003年7月3日的《南方周末》专门就丁克现象进行了讨论，上面列举的几个"丁克"个案非常具有代表性，现摘录在此：

个案一：生孩子？我没时间

"我明确感觉自己还没准备好，可怎样才叫准备好，我也不知道，也许一辈子都准备不好。"30岁的某女在一家研究所读博士，眼下除了深造，她无暇顾及其他。"我的工作刚刚起步，压力非常大。需要自己支配的时间很少，经常是忙起来连个周末都没有，要做课题、看书、写文章，还要经常出差，一年有好几个月在外面做项目。我连自己都管不过来，更别说要个孩子。"

个案二：没孩子，因为没闲钱

"两个生活都不精彩的人，怎么打造出精彩的孩子来呢？"自言过着最沉闷的城市底层生活的某某人，把孩子视做人生的苦役，生养一个孩子的成本实在是太高了。他们从互联网上看到有人做过统计：孩子从出生到18岁，不算教育费用，单吃喝玩乐就要30万。他眼下都过不上有30万元积蓄的生活，何谈生育小孩？某某不要小孩的想法是斩钉截铁的，只是妻子经常动摇，觉得不生孩子，少了一种人生体验，但总是被某某晓之以理，动之以情地"抚平"下去。他说他的妻子"养猫都没那么投入，更别说养孩子了”。

个案三:喜欢容易养儿难

“丑丑”是他们孩子的名字。这个名字已经取了10年,可他们的孩子还没生出来。“不是我们忙得没时间生,也不是我们生了没钱养,只是我们想不出为什么要生一个孩子,找不到生孩子的理由,总是没有制造一个生命的那种强烈的冲动。”某某说。她爱孩子,高兴的时候她会对办公室的同事说:“把你儿子带到办公室来,借给我玩一玩。”但喜欢孩子和养孩子是两回事。有喜欢就有可能不喜欢,但养育孩子不能烦了就不养了或退了扔了。看着密友有了孩子后衣冠不整、丢三落四、体型松垮的样子,某某实在不敢想像自己的样子,越想越觉得害怕:把一个孩子带到这个世界上来,你能承担起这责任吗?

通过上面的例子,我们发现,在一部分人那里,生一个孩子,还是不生,成了一个问题。也就是我们要探讨的现象:丁克。

丁克,DINK的译音,“double income, no kids”的缩写,顾名思义,指双职工,无小孩。丁克家庭就是提倡二人世界,不生育小孩的家庭模式。

社会学上一般把不育现象分成三类,第一类是自愿不生育,第二类是不能生育,第三类是暂时不育或延期生育。第二类在这里不具有讨论的意义。第三类的人是把生育的时间推后,但他们终究还会生儿育女,做大多数人都要做的事情。引起更多人兴趣的恐怕就是自愿选择终身不育的这些人。

我们知道，在中国有句著名的古话，叫做“不孝有三，无后为大”。李银河认为，“第一次听到这句话的人会感到突兀，因为此话的逻辑不是十分直观”。因为它把不生育孩子看作比不孝敬父母更大的不孝，确实令人费解。但我们在此处不是想探讨此话的逻辑问题，而是说，从这句话中可以看出，中国文化对于生育有着惊人的强迫性，并将之演化为一种生育伦理，从而使人的生育意愿达到极致：家家都要生孩子，成为支配中国人的最大潜意识。

可是，这种延续了上千年的价值观，遭到了现代城市年轻人的否定和质疑：生还是不生，为什么要生，现在都是要好好考虑的。

西方人对于生育的态度和中国相比有很大的不同。近代，随着女权运动的兴起，自愿不生育，成为一种可供选择的生活方式，是一种个人的选择；社会对待生育的态度和环境相对宽松一些。在我国，随着市场经济的发展，社会竞争的加剧，自愿不育的现象也渐渐出现。据资料显示，上海在1979～1989年登记结婚的夫妇中，有生育能力而不愿生孩子的夫妇，占全市家庭夫妇总数的3%；进入90年代以来，这样的夫妇人数有增无减；而南京的抽样调查表明，已有4%的青年夫妇自愿成为“丁克夫妇”，而且预测，未来这个比例还会上升。这样一种现象，对于在文化中历来看重生育，将“无后”作为最大的不孝的中国来讲，无疑是一种最巨大的反叛和最强烈的惊世骇俗。

①丁克家庭出现的原因

有人通过对“丁克家庭”的研究发现，女性不要孩子

的主要原因大致有这样几条：

生孩子太辛苦，生完孩子更辛苦，本来事业能有所成就，结果全被孩子耽误了；浪漫的两人世界还没享受够；学习或者生活压力过大，年轻时没有时间生孩子，等到年长些，事业算有小成，比以前更忙，索性就不生孩子了；有了孩子，两人不得不围着孩子团团转，一切浪漫、一切幻想都归于实际；别说没有时间花前月下地享受生活，就连睡个囫囵觉，抽空看个电视都成问题；等孩子上了学，又要担心，上的学校好不好，孩子的功课怎么样；好容易盼着孩子上了大学，又得担心毕业后能不能找个好工作，找了工作又得担心干得好不好；再接下来就得操心孩子的婚姻大事了。

而"丁克家庭"中的男性不要孩子的主要原因大致有：

没有能力负担孩子，如果生孩子，就要让孩子过最好的生活，受最好的教育，否则就不生；不想让孩子受罪，所谓的"受罪"并不单指经济上的问题，更多的是来自现在这个竞争激烈的社会。从小到大为学业、为工作、为社会地位奋力拼搏，将来的社会，竞争更加激烈，只有更奋力地拼搏，才能争到自己的一席之地；我们吃的苦够多了，不想再让孩子吃这个苦；看看现在的孩子，小小年纪就没有星期六、星期天，背着书包去上这个班、那个班，这是没办法的事，如果现在不学习"十八般武艺"，将来就会被有"十八般武艺"的人挤垮；不想被孩子打扰，如果有了孩子，我们就不能去旅游，不能随心所欲地做自己想做的

事。说白了,孩子是个负担。

从上面所列的原因,我们大致可以归纳出以下几点:

首先,丁克这一不生育的生育现象,背后折射的其实是家庭观念的变化。从历史上看,家庭一直承载着几种重要的功能:生育、感情(包括性的满足)、经济。这三种不同的功能在不同的历史时期各有侧重,传统的家庭更看重生育和经济的功能,正如中国的传统社会那样。而在现代社会中,人们对家庭的定位则更加看重它对于人们情感的满足,尤其是两性间的情感满足方面。这是一种家庭价值取向的转变,从重生育和经济到重感情和快乐。

心理学认为,人的需求具有高低不同的层次,依次是生理的需求(包括衣食住行性的基本生理需求),安全的需求,归属和爱的需求,自尊和得到他人尊重的需求,自我实现的需求。越是低层次的需求,在人的需要系统中的强度越大,但是一旦低层次的需求得到满足后,高层次的需求就会出现。根据需求的层次论来看家庭功能的变化,可以看到,从宏观的社会发展背景来看,在温饱问题尚未解决的时候,整天在柴米油盐中周旋的人们,必然首先满足自己基本的生活需求而不能奢谈什么浪漫。那么,随着社会的进步,尤其是改革开放后我国人民生活水平的提高,人们去追求更高层次的精神享受和满足就是顺理成章的事情。从微观的个人角度来看,那些丁克一族往往受过良好的教育,有着较高收入的工作,对自己现有的身份和地位更加看重,对自我的价值以及情感满足

也更加看重。孩子的加入,可能破坏他们现有的温馨的二人世界,影响婚姻的质量,或牵扯他们过多的精力使他们不能全身心地投入到工作中去。

其次,丁克家庭的出现体现了人们生育观的变化,是对养儿防老的旧观念的挑战。农村的生育观可以说是传统生育观的生动体现。对大多数的农村人口来说,他们以土地为生,靠体力进行劳动,没有社会化的养老保障。在这种情况下,生儿育女就有着经济上的绝对必要性。李银河认为,“这里面不仅包括丧失劳动力之后的晚年生活来源问题,还有由增加劳动人手扩大家庭势力这些考虑而产生的实际必要性。从某种意义上说,传宗接代的传统观念就是从这种实际需要中抽象和衍生出来的。貌似盲目的生育冲动有实在的经济原因。”可以想像,让农民抛弃传统的生育观要困难得多;同样,当影响生育的客观因素减弱的时候,主观的生育意愿也会随之减弱。

如果说农民的重生育的生育观是理性而非盲目的选择的话,城市中选择不生育的人同样也是理性选择的结果。我们可以把生育看成是一种投入和产出的经济活动,农村的生育过程就是一种低成本的扩张——农业生产不需要更多的技能,养活孩子的成本很低,所谓“加人不加菜,只加一双筷”,“加人不加米,只加一勺水”;而产出较高——可以早早参加劳动,等父母老的时候还要由他们为父母养老送终。而在城市里孩子的养育成本往往很高,城市对于劳动力素质的需求也较农村高很多,预期的“产出”却很低——要让孩子接受良好的教育,要有足

够的金钱上的付出，精力上的付出，自己的生活质量降低，娱乐受到影响，十月怀胎会破坏女人的身材，老的时候还指望不上。两害相权取其轻，两利相权取其重，不生育也许就是一种比较好的选择。

再次，选择丁克家庭模式的人推崇的是个人主义的价值取向，他们更看重自我的价值和快乐，张扬着人本主义的大旗，是对个人价值的认同和回归。在一个开放和开明的社会中，每个人都有权利按照自己的意愿选择自己的生活，每个人主要对自己负责。传统观念轻视自我，以某种责任（比如传宗接代）为生活的目的；而现代观念重视自我，关注自我价值的实现。在孩子没有出生的时候，对孩子的责任只能是一种虚拟的责任，是一种可供选择的责任；在选择的过程中，我的现世的快乐同样重要。孩子是一个生命个体，我同样也是一个生命个体，重要性是一样的。只不过孩子是新生的，大家好像就觉得孩子更重要了;如果我自己的计划没有实现,我的快乐被中断了,我的生命的意义同样会大打折扣 ,子女不如说是实现个人幸福生活的一种障碍。

②对于丁克家庭的褒贬

自愿不育者在我们的人口中所占的比例毕竟太小了,而且和中国的传统观念背道而驰,人们难免对这种现象褒贬不一。

比如有的医学专家认为,作为女性自然的生理机能,一次完整的生育过程可以增加十年的免疫力;还有人从社会学的角度,认为孕育儿女不仅可以使女性的生理更趋成熟,同时其心理也将更加健康。一个孩子的成长过程需要家长付出很多的艰辛,而这种付出艰辛的过程,也是女性在孕育生命的过程中对人生的更深刻的体会,可以从养育子女的辛苦中理解到长辈对自己的养育恩情,理解人世间最无私的爱;女性通过做母亲才能实现其完整的女性角色;没有生育的女性,对人生的体验肯定是不完美的。

对丁克一族诟病最多的恐怕是他们的享乐主义和不负责任。他们多被视为自私、冷漠、不负责任,只追求眼前的快乐和享受,不愿意在孩子身上付出太多,只为自己着想而缺乏对于社会的责任感。

站在丁克一边的人则认为,每个人都有理由去选择自己喜欢的生活方式,我们虽然不提倡不生育文化,但我们的社会应该给他们足够的宽容,尊重这部分人的意愿。他们不会对我们的人口产生压力,相反还可以缓解我国

的人口压力,尽管这种缓解看起来微不足道。他们为了使自己活得更轻松,为了自我实现,不是不负责任,而恰恰是对自己高度负责的体现。生育不是什么了不起的能力,人的快乐和自我实现是比生育更重要的事情。

其实,我们不妨功利地去看待生育和不生育的问题。孩子的意义,对现代人来说更多的意味着一种责任,当我们觉得不能承受这种责任的时候,逃避可能是比较明智的。你可以选择生命中不能承受之重,也可以选择生命中不能承受之轻,总之,它是一种个人选择的自由。过去的中国人也并没有从生育中得到过更多的乐趣,养儿仅仅是为了防老。而现在,我们不需要养儿来防老,生育也就没有必要;将对儿女的期望转化成将来自己养老时的回报,显得是太遥远的事情,不如抓住眼前的幸福更现实些。

总之,丁克家庭的出现,冲击了我们旧有的价值观,如何去看待这种现象,再借用李银河的话来表达:“(我们)并非希望中国人都选择不育,而是希望中国人达到这样一种境界:他之生育是他选择了生孩子这种生活方式;他之不育是他选择了不要孩子这种生活方式。”

第二章　夫妻共处的艺术：如何调适夫妻关系

夫妻关系是最亲密、也是在人们的生命历程中最重要的非血缘关系。要我们去爱那些与我们有血缘关系的人并不是难事，因为这是天性使然，即使是动物也有骨肉亲情。但是夫妻却是由两个毫无血缘关系的人组合在一起共度一生。那么，是什么能让两个毫不相干的人能够携手共度一生呢？也许，有人会说是爱情的力量。的确，爱情是人类最美好的情感，两情相悦是建立夫妻关系的前提。然而，夫妻关系的内涵又不仅仅只是如此，爱情是重要的凝合剂，但爱情不能解释夫妻关系中的一切。与一个本来和我们毫不相干的异性共同组成家庭，并且一同面对以后生活中的风风雨雨，其间所需要的不光是爱情，还有互相的扶持、彼此的理解、无言的默契、无私的奉献。夫妻关系是一门艺术，是一门值得我们一生都去研究、去实践的艺术，它需要我们用耐心、用智慧、用技巧、用心思去维持、去巩固、去升华。因此，在这一章中，我们将与大家讨论如何处理好夫妻关系。

1. 如何渡过新婚后的“磨合期”？

当男女双方走过红地毯，举行过浪漫而又喜气的婚礼之后，夫妻生活便宣告开始了。也就是从这个时候起，

男女双方都进入了自己人生的一个新阶段,他们要试图去接受一个新的角色,一个以前他们从来没有扮演过的角色,那就是成为别人的丈夫或妻子。

新婚往往是夫妻双方最甜蜜、也是最难忘的时期,许多人在多年之后仍然回味他们的新婚生活是多么的美妙和幸福。但是,在短暂的甜蜜过后,夫妻双方要面对的是一种新的生活,一种新的关系。不管夫妻双方在结婚之前的了解有多少,他们毕竟是从两个不同的家庭里走出来的人,两人在生活习惯、处事方式以及一些行为模式上都会有所不同,有些可能是细微的差别,但有些也可能是截然的对立。婚前的亲密相处并不能防止婚后的摩擦,因此新婚夫妇几乎都要渡过一个磨合期才能使两人的生活节奏合拍。那么如何渡过新婚后的磨合期呢?如何让夫妻双方在彼此适应的基础上进一步增进感情呢?

首先,我们对于夫妻双方的差异以及由此而产生的摩擦应该有一个正确的认识。其实这些摩擦主要是由两个人不同的生活经历以及不同的家庭背景所造成的,事实上夫妻双方存在的差异并不比任何两个陌生人之间所存在的差异少,尤其是当两个异性共处时,由生理差异以及社会性别的差异所带来的问题并不会因为双方相爱而减少。曾经有人用黑色幽默的方式来解读男女两性之间的差异,认为男人和女人的差别就像地球人与火星人的差别一样。即使你有过充分的心理准备,即使你是有备而来,也难免会在婚后遇到种种麻烦。所以,当婚后夫妻双方出现分歧和摩擦时其实是很正常的现象,不必大惊小怪,也不必因此而对婚姻失望。只要双方用一种平常的心态去看待这个问题,掌握一些处理摩擦的技巧,并且能够用一点时间和精力去认真的解决和磨合,那么相信夫妻双方是能够很快地彼此适应,渡过新婚后的“磨合期”的。

①要有一颗平常心

有一句人们已熟知的名言——“婚姻是爱情的坟墓”,说的就是婚后的平淡生活。与婚前的浪漫恋爱相比,婚后的生活实质性的因素更多,也就更为平实了。婚前,相爱的两个人经常会有花前月下的谈心,会有享受烛光晚餐的浪漫,会有一日不见如隔三秋的思念,但婚后这些都被柴米油盐酱醋茶的平淡所代替,而且夫妻两人朝夕相对,没有了距离感自然也就不会思念和期待了,甚至在零距离的情况下还会暴露一些以前不曾发觉的缺点和毛病,妻子可能会发现丈夫原来并不是那样的潇洒,下班后也会把脏衣服、臭袜子乱扔,让人不可忍受;而丈夫也会发现妻子并不是时时刻刻都光彩照人,她也会蓬头垢面地在厨房做早餐,甚至穿着睡衣去楼下的便利店买东西。这时夫妻双方回首恋爱时的浪漫经历,多多少少会感到一些淡淡的失望,尤其是妻子,作为一个感性的女性对婚姻充满了期待和幻想,婚后的平淡让她有着强烈的反差和失落感。

但是,如果我们换一个角度去思考的话,如果我们用一颗平常心去看待婚后的生活的话,我们会发现其实很多让我们失望的东西并不那么糟糕。婚后的生活当然不

可能像恋爱时的约会那样每次都花尽心思和精力去刻意安排浪漫和温馨,任何人都不可能把每天的生活都过得像多姿多彩的约会一样,归于平淡是一种必然的趋势。而且人们在外经历了一天的劳累之后回到家里自然希望得到身心的放松,不论是丈夫还是妻子都不希望在办公室当了一天的office机器之后,在自己的伴侣面前还要像一个演员一样随时展现自己最有魅力的一面。在自己的伴侣面前,他们本应无需伪装,他们只要轻松地展现自己最真实的一面就够了。用一颗平常心去看待你的婚姻生活,去看待你的伴侣,别对婚后的生活寄予过高的幻想和

希望，自然也就不会有太多的失望和抱怨。

②别在小事上纠缠

由于夫妻关系的亲密性和独占性，人们往往对这种关系有着很高的期望，婚后苛求对方实际上也是我们追求婚姻完美的一种普遍心理。我们对伴侣的要求标准实际上要比对其他任何人的标准都高，如果我们的朋友因为种种原因忘记了我们的约定，我们或许觉得可以原谅，一旦这种失误发生在自己的伴侣身上就会变得不可饶恕了。许多夫妻间的第一次争吵并不是什么原则性的大问题，而只是一些细枝末节的小错误，比如丈夫回家晚了而事先又没有打电话告诉妻子，妻子不爱整洁老是随手乱扔东西，丈夫做事总是慢半拍，还有为了谁去洗碗而大吵大闹的夫妻也不是少数。虽然追求婚姻的美满本身并没有错，但是此时我们如果能够拿出原谅朋友的宽容来对待伴侣的失误的话，很多争吵就会消失在萌芽阶段了。夫妻是要携手走完一生的人，对小事斤斤计较不仅影响夫妻生活的质量，也会给自己徒增很多烦恼。对丈夫或妻子的小错误抱着一种宽容态度，在适当的时候善意的提醒一下对方，比大吵大闹的效果要好得多。丈夫或妻子的某些小毛病也许是从小就有的，所谓“江山易改，本性难移”，长期的行为模式很难在一时间改过来，若老是对对方的一些弱点揪住不放，久而久之就会产生一种类似于放大镜的效果，让你觉得对这种小事越来越不可忍受，以前的积怨也会随之爆发，这样不仅会使对方感到厌烦，而且自然也要伤害夫妻间的感情，使得小事变大。反

之,我们如果怀着一颗宽容的心去对待这些小毛病,同时适当地运用一些技巧的话,那么问题就好办多了:丈夫回来晚了可能是在加班,也可能是路上堵车,回来解释清楚,下次遇到同样的情况事先说一声就行了;妻子虽然随手乱扔东西,但一周整理一次房间也就好了;丈夫做事慢半拍的话,那你就让他"笨鸟先飞",什么事情稍稍提前一点就可以了;至于谁去洗碗就更好办了,一人轮一次,两人要都懒的话,不妨学一学小朋友的做法——"剪刀、石头、布"——谁输了就让谁去,这样既解决了问题,也可以调解一下气氛,增添一些生活的情趣。

③事先约法三章

新婚夫妇刚刚组成了一个新的家庭,不仅家具、家庭配备这些硬件需要添置,而且家庭的运行法则也就是我们常说的"家规"也要重新界定。新的生活必然有新的模式,很多时候我们需要未雨绸缪。明智的夫妻会事先把问题说清楚,明确夫妻双方在家务、财政、家庭决策等方面的权利和义务,没有生活计划的夫妻才会等到问题出现后用吵架的方式去解决。有人可能会觉得在新婚蜜月就说这些琐碎的事情很煞风景,而且两人分得那么清楚,这岂不是很伤感情?这样想的人其实就大错特错了。夫妻感情再好也不能确保不出现分歧,对方对你再好也不等于他(她)就可以对家庭无偿地奉献而你则可以坐享其成,同样对方再怎么在乎你的感受也不等于你可以在家里凡事说了算。婚姻是建立在夫妻双方各方面都平等的基础上的,丈夫和妻子都要对家庭承担责任和义务,同时也平等地享受其所拥有的权利。所以在家庭的经济支持、家务分工上都应该做到分配平等，夫妻双方事先在这些方面进行商讨，达成共识，这样可以减少许多由此而引起的摩擦。另外，对于一些生活习惯上的差异、饮食起居上的不同也可以事先向对方说明，双方共同来解决这些问题。提前制订好新家庭的运行规则，可以减少夫妻双方的摩擦，也可以提早渡过“磨合期”。

2. 夫妻之情的本质:信任+真诚+责任感+理解和宽容+夫妻相处的技巧

钱钟书曾把婚姻比作围城:城外的人想冲进来，而城里的人则想冲出去。在现实的世界中，婚姻这座城确实既有幸福与甜蜜，也充满了矛盾与冲突。夫妻生活在渡过了蜜月，经历了磨合之后将会逐渐地归于平淡，形成了一定的模式，夫妻双方的关系也逐渐稳定，但这时并不意味着夫妻双方从此以后就相安无事，夫妻生活从此以后就不需要经营。事实上，婚姻并不是一种结果，而是新一轮学习的开始。不少人认为男女双方只要缔结了婚姻的盟约，就表示双方之间的爱情有了一个完满的结果了。但是婚姻只是提供了一个个人获得幸福的机会，从缔结婚姻到获得美满的姻缘之间还有一段很长的路要走，世界上没有一劳永逸的爱情和婚姻。婚姻的美满是需要我们付出旷日持久的努力的。因此，夫妻双方如何在今后几十年中携手共渡、如何将夫妻之情调成一杯愈久愈浓的甜羹、如何将婚姻变成一座既温馨又稳固的城堡，这些

都是男女双方在婚后的生活中需要不断思考和学习并且进行不懈的努力的。接下来我们将介绍几种调制夫妻之情这杯“甜羹”必需的几种“原料”。

①信任

信任是夫妻相处的基本守则。要与一个人长期零距离地亲密生活在一起，对对方的信任是必不可少的前提条件。信任既是对对方的尊重，也是在为自己减压，如果夫妻双方成天都生活在疑心重重、互相猜忌之中，那么这种夫妻生活即使长久也不会快乐。婚姻是一个双方的盟约，当初既然缔结了这个盟约，那么在今后的生活中就应该信任对方,信任对方实际上也是在给自己自信。有的妻子一旦丈夫回来晚一点就开始不安,不断地给丈夫打电话,不断地询问他什么时候回来,回来以后还刨根问底地想知道他为什么回来晚了、在晚归的这段时间里干了什么、和谁在一起、有谁可以证明,不依不饶,就差让老公把心掏出来或者找齐各方面的证据来证明自己的清白。有些小气丈夫对妻子很不放心,妻子换一件漂亮的衣服、单独参加一次朋友聚会或者多和男同事聊了几句天,都会让他紧张半天,他们的好奇心一点也不会比那些小心眼儿的妻子差,有时甚至还会偷偷跟踪对方。这些妻子和丈夫的行为表面上来看是对对方不信任,而实际上则是对自己没信心,担心自己没有足够的魅力拴住自己的伴侣。但是这种过分猜忌的做法不但影响夫妻关系,收不到正面的效果,往往还会事与愿违,无意中将对方推向反面。老是紧紧张张、过分猜忌,不但让对方觉得压力很大,自己也活得很累。因此,聪明的妻子或丈夫应该对自己有足够的信心,对对方也应该给予足够的信任,夫妻之间没有了猜忌自然什么话都好说了,让对方主动向你解释是不是比你再三逼问要好呢?

②真诚

和信任一样,真诚也是夫妻双方应该共同遵守的准则,真诚也是信任的前提条件。要获得对方的信任,首先要对对方真诚。相信"狼来了"的故事大家都知道,但是在现实生活中往往就会有人犯同样的错误。即使你的妻子或丈夫在刚开始有多么的信任你,而你如果一次又一

次欺骗他（她）的话，再多的信任也会被谎言磨得一干二净。世界上没有不透风的墙，谎言迟早有被拆穿的一天。也许你可以在同一时间里欺骗很多人，也可以在很多时间里欺骗同一个人，但是你永远不可能在所有的时间里欺骗所有的人。因此，不要老是抱着侥幸的心理，认为自己不会被拆穿。即使你做错了事情，也不要用欺骗的办法来隐瞒。或许有时你真的是无心之失，不想让对方生气，但是欺骗只能令你错上加错，而且有些事情本身没有错，但是有了欺骗使得本来没有错的事情也变成了错误。要知道你的伴侣通过别的途径获得真相时所受到的伤害，要比你直接告诉他（她）所造成的伤害大得多，因为这其中牵涉到了他（她）的尊严问题，你的欺骗会使他（她）觉得你根本就不尊重他（她），而如果恰巧他（她）是通过朋友或同事来知道你的欺骗，这会使他（她）在朋友们面前很没面子，抬不起头来，这样你的错误又多了一个消极的后果。没有人会愿意和一个成天欺骗自己的人生活在一起，欺骗只会给婚姻埋下暗礁。如果你能以诚相待，对方自然也会投桃报李，没有了谎言和猜忌的婚姻，自然也会让人觉得轻松和舒心了。

③责任感

婚姻不仅是甜蜜温馨的，也是严肃认真的。夫妻双方都要对婚姻具有责任感，要对伴侣负责，也要对共同经营的整个家庭负责。在婚姻生活中，任何一方都不能以任何的理由来推卸责任或者敷衍塞责，进入了婚姻就要如同走上工作岗位一样，紧记自己的责任，既不能临阵退缩，也不能轻言放弃。婚姻是一个长期的过程，新鲜感和幸福感只能给婚姻锦上添花，当婚姻面临困境时，甜蜜感和幸福感没有了，要想维系婚姻渡过难关就只有靠双方的责任感了，只有责任感才会给婚姻雪中送炭。责任感是婚姻持久稳定的因素。对家庭和婚姻的责任感不仅体现在对伴侣的感情忠贞上，也体现在对家庭的经济和家务的分担上。婚姻不是一个索取的过程，而是一个不断付出、不断回报的过程。不论是在感情上，还是在对家庭的贡献上，都不应该是哪一方的单独奉献，而是双方都应尽的责任。有些丈夫片面地认为只要自己能够挣钱养家就行了，家务理所当然是妻子的事情，对家中的日常生活事务从不过问，无形中将自己应尽的那一份家庭责任强加到了妻子身上，殊不知家务也应该由双方共同分担。不要认为哪些事情应该由丈夫(妻子)来承担，世界上永远没有毫无条件的“应该”，既然夫妻双方组成了家庭这个共同体，那么家庭中的任何事务都有你的一份责任在里面。

④理解和宽容

婚姻的美满还有赖于夫妻双方有一颗宽大的心。婚姻的坚实与牢固来自于夫妻之间的理解、忍让与包容，接纳一个人就要接纳他(她)的全部，所谓“爱屋及乌”，不仅要能欣赏对方的优点，更重要的是能够容忍对方的缺点。每个人都有着自己的特色，这其中既包括了优点，也包括了缺点，俗话说：“金无足赤，人无完人”，作为夫妻双方，都是食人间烟火的凡人，谁都会或多或少的有些缺点和

不足,因此我们就不应该过分地苛求,求全责备。在婚姻生活中,我们要学会忽略对方的缺点,只要不是什么原则性的大问题,就应该用一颗宽容的心去包容他(她)。婚姻的关键在于求同存异,在一些原则性的问题上夫妻双

方要达成共识,但是在一些小的事情或者细节上也应该保持各自的特性。世界上没有完全相同的两片叶子,也不可能有性格、爱好完全相同的两个人,在性格、爱好、生活方式上存在差异是可以理解的,任何一方都不应该用自己的特点去要求对方,不要把自己的标准强加到对方身上,夫妻双方即使是亲密无间也应该保持各自的特色。不要试图去改变任何人,因为事实证明不管你付出了多大的努力其结果都是徒劳。给你的伴侣一些适当的私人空间,允许他(她)保留自己的特色,对他(她)的一些缺点和错误能够包容,这样会使你的婚姻生活少一些摩擦,多

一分甜蜜。

⑤夫妻相处的技巧

夫妻相处除了需要我们上面所说的几条原则之外，还需要一些适当的技巧。巧妙地在夫妻生活中运用一些技巧，能够让你事半功倍。有些丈夫或妻子虽然对婚姻和家庭付出了种种努力，但在处理和伴侣的关系时过于直接，也过于简单，不会使用适当的技巧，往往好心办坏事，适得其反。有位妻子很爱整洁，常常把家里打扫得干干净净、一尘不染，为了保持自己的劳动成果，她总是在丈夫进门之前让他换鞋、换衣服，然后马上洗澡，一看到丈夫乱放东西就大发脾气，认为丈夫不尊重自己的劳动成果，弄得丈夫回到家里都得小心翼翼的。时间长了，丈夫也累了、烦了，逐渐不再理会妻子，有时甚至回家后故意把家里弄得脏兮兮的，这样家里的战火就连绵不断了。其实在这个故事中的妻子和丈夫都是不会运用技巧的人，妻子辛辛苦苦打扫了卫生，本来是一件好事，可是她却过分地重视了自己的劳动成果，忽视了别人的感受，最后不仅没有收到好的效果，反而造成了不断的争吵。有位聪明的妻子在打扫完卫生之后，在丈夫任何有可能吸烟的地方都摆上了一个烟灰缸，这样既保持了家里的卫生，也方便了丈夫，最后还得到了丈夫的称赞，认为她不仅是一个勤劳的妻子，而且还是一个聪明的妻子。

前一例中的妻子如果能像后一例中的妻子那样，适当地运用一些小技巧，也许就会得到完全不同的结果了。第一个例子中的丈夫处事也过于死板，如果他能够对妻

子的勤劳给予适当的赞美的话,事情也许就会不一样了。其实在这个例子中,妻子更多的是想让丈夫重视她的劳动,如果妻子的劳动成果能够得到丈夫的肯定,那么她也许就不会那么苛求了。有一位当销售员的丈夫,由于工作上的事情经常要出差,常常不能陪伴自己的妻子。但是他却是一位非常有心的人,每次出差之前他总会在梳妆台上给妻子留下一封短信,只言片语的叮嘱和祝福,让妻子觉得字里行间洋溢着浓情蜜意。而每次出差回来他总会给妻子带一些很别致的小礼物,一个小巧精美的手提包、一款妻子心仪已久的口红,甚至一朵含苞待放的玫瑰都会让妻子惊喜不已。即使他不能常常陪伴在妻子左右,但是却常常让妻子觉得幸福无比,他们的婚姻生活也并没有因为他的经常出差而出现任何的裂痕。

事实上,这位成功的丈夫并没有什么惊人之处,他只不过是运用了一些其他人想不到、或者想到也不愿意做的小技巧而已。人们常常感叹自己的婚姻生活平淡无味、如同一潭死水,常常抱怨自己的伴侣,却没有想到为自己的婚姻生活加入一些催化剂。我们常常会为工作和学业劳心劳力,也会为处理好朋友、同事之间的人际关系而挖空心思,但是我们却很少会想到为我们的婚姻去花费一点心思。其实,婚姻也是一门人际艺术,它需要我们用智慧、用技巧去精心打造。别以为和你最亲密的人相处就不需要用手段、花心思了,夫妻相处的技巧不亚于你生活中任何人际关系的技巧。巧妙的运用智慧和技巧会让你平淡的婚姻生活不断地泛起浪漫的涟漪。

下面介绍几个让婚姻甜蜜的小技巧:

★适当地赞美你的伴侣:不要以为老夫老妻的就不需要甜言蜜语了,适当的赞美总比互相指责要好得多。

★学会创新,打破老一套的相处模式,尝试一些新的生活方式:再坚固的感情也禁不住千篇一律的重复,别让平淡耗尽了彼此的情感,夫妻适当地去进行一些新的活动和运动,会让彼此之间增加新鲜感。

★保持适当的距离:俗话说"距离产生美",夫妻关系再好也不要做对方的影子。适当地给对方一些私人的空间,也是给自己一些自由。

★细微之处见真情:感动有时候并不一定要有什么惊天动地的举动,一声问候、一句感谢、一个小动作也许就足以让你的伴侣感动得热泪盈眶了。

★珍惜彼此共同的经历:有时间把以前的老照片翻出来看一看,也许会勾起很多美好的回忆;找夫妻双方共同的朋友聚一聚,既巩固了友谊,也为夫妻增加了共同的话题。

★轻声的诉说:当夫妻间有问题时,大声的争吵和斥责只会让战火不断升级,退一步海阔天空,等到双方都平静下来的时候,再谈一谈两人之间的问题也许会更好。

★做伴侣热情的支持者:不管是伴侣想要进行进一步的学习,还是想在工作上更上一层楼时,做他(她)热情的支持者,必要的时候还可以给他(她)出谋划策,不要袖手旁观,更不要给伴侣泼冷水。

★学会浪漫:不要以为浪漫只属于正在谈恋爱的年

轻情侣,就算是老夫老妻也有享受浪漫的权利。多年后再去一次你们初次见面的地方,到以前经常去的餐厅再吃一次以前经常吃的东西,遇到卖花的小姑娘时不妨也给你的老妻买一枝花,周末抛开一切烦恼和杂事进行一次浪漫之旅,这些都会使你们的婚姻生活增色不少。

3. 男女之间不同的情感需求

在情感和婚姻的世界中,我们常常会发现男性和女性其实是在走两个极端:

女人对婚姻生活充满了幻想,而男人对婚姻生活的态度则是现实的;

女人把爱情当作全部,而对于男人而言爱情永远只是生命中的一部分;

女人多愁善感,情感细腻,而男人总是粗枝大叶,永远不懂浪漫为何物;

女人注重细节,喜欢以小见大,总在小事上纠缠,而男人则讲究实事求是,很少会从一件事中读出两种意思来;

女人希望男人天天守在家里,以家为中心,而男人总是嫌女人约束自己,老是向往家庭以外的更大的世界;

女人认为语言是表达情感最好的方式,而男人则认为“爱就一个字,我只说一次,你知道我会用行动来表示”;

女人的优势在婚前,婚前女人总对男人说“不”,男人的优势在婚后,婚后男人总对女人说“不”,所以在婚姻中

女人是一个不断"贬值"的过程，而男人则是一个不断"增值"的过程；

男人用眼睛来看女人，觉得外表是最重要的，女人则用心来读男人，觉得内在才是最重要的；

男人认为女人可爱最重要，女人认为男人可靠才是最重要的，所以女人总在感情中跋涉，男人总在责任中奔波；

男人对感情是直截了当的，如果他在早上喜欢上了一个人，就绝不会等到中午才表白，而女人对待感情却如同酿酒，越酿越浓，所以女人可以暗恋某个人很久也不会说；

男人将婚姻当作一项事业来完成，一旦成功就宣告他们努力的结束，而女人则把婚姻当作一个过程来经营，

希望不断地付出和投入；

男人不了解女人为何“天天见面还要天天煲电话粥”，女人也不明白男人为何“宁愿和一群狐朋狗友侃大山，也不愿意回家”……

所以，婚姻中的男人和女人是既相互依赖又相互矛盾的两极，他们的同时并存是构成一个完整的情感世界的必要条件，但是他们的同时存在又是导致两性斗争和矛盾的源泉。男性和女性由于生理结构、人格特质、社会角色的差异以及社会对他们的期望的不同，致使他们在情感的需求上也是有所差异的。即使一桩婚姻要由两个人组成，即使在婚姻过程中夫妻双方会因为要共同分担许多事情而有着相似的感受和经历，但是男和女毕竟是两个不同的性别，性别的差异使得夫妻在婚姻生活中担当不同的角色，有社会学家认为任何一桩婚姻都可以分成两个方面——“他的”和“她的”，而这两者都是基于一定的社会和文化基础之上的。社会主流价值观要求男性作为社会和家庭的支柱，他们要创造社会财富，满足社会成员的需求，是家庭成员的保护者，而女性的情况则与男性刚好相反，她们只是家庭的维护者，她们受到男性的保护，她们的任务就是维持家庭的正常运转。

所以，不同的性别角色使得男女两性体味着不同的婚姻生活，男性和女性对婚姻生活的解读也就不同了，他们对婚姻生活的要求也不同。于是人们会发现通常丈夫们对婚姻的感受是相似的，妻子们也会觉得对于婚姻的解读还是同性之间的观点比较相似。不管夫妻之间的感情有多深、有多好，有时对于同一件事情夫妻俩会得出不同的感受，甚至是截然相反的感受。这种“同性相吸，异性相斥”的现象是很正常的，男人和女人本来就是生活在两个世界里的人，他们的结合无论是从生理上来讲，还是从社会分工上来说，都是一种互补式的组合，既然是互补就说明两者是存在差异的，男人所缺少的正是女人所拥有的，女人所不擅长的正是男人的强项。两个互补的人生活在一起，才能使生活变得完整、和谐。因此，男人和女人在情感上的需求不同也是很自然的。

在情感的世界中，女人往往是被动的一方，男人才是主动发起进攻的一方，大多数男女感情发展的过程都是一个男人追求女人的过程。所以，在婚前主动权虽然掌

握在男人手中，但最终决定权却掌握在女人的手中，这也就是女人的优势所在。一旦结婚，男人达成他的目的也就无需再追逐了，这时女人也就相应的丧失了她的最终决定权，于是优势就从女人一方转向了男人一方。女人在丧失优势、感到危机的同时就会想固守感情、抓牢婚姻，对男人的约束也会越来越多，而这时的男人重心已经不在婚姻家庭上了，他们将注意力转移到了对事业的追求上。而且男人是一种"放射性物质"，他们的兴趣比女人更广泛，上至天文地理、下至政治军事都会引起男人无限的兴趣，但是女人却是一种"内敛性物质"，她们一旦拥有了什么就希望像一颗种子一样，在她们的灌溉下发芽、开花、结果。所以当女人用自己对于婚姻的要求和标准来约束男人时，男人就会觉得婚姻是一种束缚，获得了婚姻却失去了"自由"。

从另一方面来说，女人是感性的动物，男人是理性的动物。女人毕生都会在情感的世界里纠缠，而男人只会在一生中的某一时段执着于感情，其他大部分时间里他们都在为事业奋斗，即使是沉迷于感情中，他们多半也会用一种较为理性的态度来对待感情。女性的形象思维比男性发达，表达能力也比男性强，所以对待感情时她们多半喜欢用"说"的，语言的交流和情感的表达对她们来说是必不可少的；而男性的逻辑思维发达，对待事务他们喜欢有条有理、按部就班，即使对于感情也不例外，他们觉得与其空口说白话还不如用实际行动来表示，所以对待感情他们多半用"做"的。

不同的情感观和不同的方式注定了男人和女人有可能会永远不明白对方在想什么，永远也不理解对方的方式。多半的夫妻吵架并不在于他们之间的感情出了什么问题，而是他们对待感情问题的方式不同。所以，不要因为你和伴侣对于感情的方式不同而怀疑你们之间的感情，也不要因为他（她）和你不同而试图去改变他（她）。在婚姻中求同存异未必不是一件好事。而且，也只有了解了男女两性不同的情感需求，我们才有可能用一种宽容而平和的态度去看待夫妻之间的种种问题。

4. 如何处理好夫妻之间可能存在的问题？

有人曾经把婚姻比作玉，因为再好的美玉也可能会有瑕疵，再幸福的婚姻也不能保证夫妻双方没有一点磕磕碰碰。就像一首流行歌曲里唱的那样："相爱总是简单，相处太难"，无论是幸福的夫妻还是关系不好的夫妻都难免会在婚姻这个漫长的旅程中出现各种各样的问题。问题的出现是婚姻中的一种正常现象，唇齿相依，牙齿还有咬到嘴唇的时候呢，何况是两个完全独立的人呢？因此，婚姻中出现问题并不可怕，关键在于有了问题和矛盾之后夫妻双方如何来应对和解决，而幸福的夫妻和不幸的夫妻之间的差别往往就在于此。

一段婚姻的成功与否在于双方的努力，而当婚姻中出现问题时也应该从夫妻双方身上来找原因，要知道一个巴掌拍不响，婚姻中任何一次矛盾和危机的出现都不是哪一方单独的问题和责任，所以不要用指责和埋怨把

问题推给对方,妄想用对方的妥协来解决问题;不要害怕面对彼此间的问题,回避和退缩也不是上策。只有拿出你的勇气和耐心,用积极的态度、巧妙的方法来直接面对问题,才能有效地清除你婚姻路上的绊脚石。

问题一:夫妻间的感情会淡下去吗?

这也许是新婚夫妇常问的一个问题,妻子们总会不厌其烦地问丈夫:“你会像以前一样爱我吗?”“我们还会像当初一样相爱吗?”“我们的感情会越来越浓还是会越来越淡呢?”尤其是当爱情的甜蜜和浪漫逐渐被婚后那种锅碗瓢盆的平淡生活所代替后,人们常常会感叹激情不再,也会逐渐对婚姻产生一些疑问和担心。“白头到老”是人们对婚姻的美好期望,虽然现代社会中离婚率上升,婚姻之外的各种诱惑也很多,但“执子之手、与子偕老”仍然是人们心目中一种神圣的境界。那么究竟夫妻之间的爱情能否持续一辈子呢? 答案是否定的。这样的答案对于热恋中的恋人或新婚夫妇来说无疑是一个打击,但这却是一个客观事实。

美国康乃尔大学教授辛蒂哈赞的科学研究结果表明:真正的爱情只能维持18至30个月。科学家们的研究发现,人类的情爱活动与激素的分泌有关,当两性相吸的时候,人体内多巴胺、苯乙胺、后叶催产素等爱情化学物质就会大量释放,人们就会产生爱的感觉。但是,人体对激素是有一定的适应性的,时间长了我们的身体会对这些激素产生抗体,我们的大脑也不可能长期不断地大量释放这些激素，因为神经细胞只有在受到新的刺激时才会兴奋。所以，当男女双方相处的时间长了，彼此熟悉了，相互间没有了新鲜感，神经细胞也就很难再兴奋起来，这时双方就不会再有那种面红耳赤、心跳加速、呼吸急促的感觉了。神经学家们经过反复的研究发现两性之间最长的爱情也只有30个月。所以，夫妻之间的爱情淡下去是必然的结果，但是在这里我们要区分的是生物层面上的互相吸引和情感层面上的彼此依赖。前面科学家们反复论证的所谓“30个月保值期的爱情”就是指异性之间生物层面上的互相吸引，因此科学家们所结束的只是人作为生物时的爱情，在这一点上人和动物是没有区别的。

然而，生物层面上吸引的结束并不意味着男女之间感情的结束，经过一段长期的亲密相处后，男女两性之间会形成一种综合了爱情、友情、亲情等多种成分在内的情感，即使生物层面的吸引结束了，这样一种千丝万缕的情感也会继续有效地将双方捆绑在一起，也就是说这时作为一个社会人情感层面的彼此依赖，已经取缔了生物人的两性吸引。这样的一种转变使得人类的婚姻能够继续下去，否则的话我们也就无法解释人类为何拥有漫长的婚姻家庭史了。比起那种让人脸红心跳的两性吸引而言，夫妻间长期积累的情感是一种更深厚、也更具有内涵的感情，虽然它比不上爱情来得激烈，但是这种细水长流、平凡中见真挚的感情却更适合婚姻这条漫长的旅程。我们常常会为夕阳下那对互相搀扶前行的老年夫妻而感

动,也会因夫妻间的配合默契而感到欣慰,甚至夫妻双方不经意间的同一个小动作、同一句话都会让彼此激动不已,这些看似平凡却不失真挚的感情丝毫不比轰轰烈烈的爱情逊色。对于夫妻而言,与其成天去纠缠那些类似于“你到底爱不爱”、“我们能不能白头到老”的琐碎问题,还不如好好珍惜我们每一天的平凡生活。把我们每一天的平凡生活过得有滋有味、丰富多彩,相信在多年以后当我们再回首往事的时候,我们会发现我们那些看似平淡的婚姻生活原来也蕴涵着温馨与浪漫。

问题二:当夫妻间的爱好不同时

有这样一个故事,丈夫是一个性格开朗、酷爱运动的人,而妻子则是一位喜爱文学、性格文静的人,两个人在谈恋爱的时候因为彼此性格上的差异和互补而互相吸引,那时候男孩欣赏女孩如水般的温柔和文静,女孩则喜欢男孩阳光般的朝气。没想到结婚以后,当初彼此吸引的优点却变成了夫妻间矛盾的起源。丈夫一如既往地喜欢在周末或节假日外出运动,喜欢和朋友同事踢球、游泳、爬山,玩得不亦乐乎;而妻子则喜欢周末在家看看书、翻翻杂志,累了的时候听点轻音乐。为了周末的活动安排,夫妻间没少闹意见。丈夫嫌妻子太闷,在办公室待了整整一周还不够,周末还要在家窝着,实在让人不可忍受;妻子则嫌丈夫太闹腾,本来工作了一周就已经够累的了,周末还要出去折腾,真让人受不了。刚结婚那会儿,双方还能互相迁就,妻子偶尔陪丈夫出去运动运动,丈夫

也有时陪妻子在家听听音乐或者看看电视。但是时间长了就谁也不想迁就谁了，况且强扭的瓜不甜，不管让谁迁就谁，到最后都是两人都不能尽兴。所以，一到周末和节假日夫妻双方的关系就变得很紧张，本来让人期待的假日却让这对夫妻头疼不已。

曾经听人说过一段关于爱情和婚姻的哲理，认为一般两个性格差异较大的人容易彼此吸引，因为这种差异能够产生一种互补的效应，人们往往喜欢和那些具有自己所不具备的特质的异性交往，差异容易产生爱情；但是到了婚姻中这个道理就反过来了，往往是同质性较强的夫妻容易相处，婚姻是近距离的接触，两个人在生活习惯和性格方面差异越小摩擦也就越小。当然这只是一种观

点而已,并不是说性格不同的两个人就不能结合,其实夫妻爱好不同也是很自然的事情,毕竟是两个生活经历和家庭环境不同的人,况且男性和女性在喜好上本来就有很大的差异。而且这种夫妻间的差异并不是少数,有的夫妻在饮食习惯和口味上有所不同,有的夫妻在作息时间上不能合拍,还有的夫妻对待问题的方式也有差异。性格爱好出现差异本属正常,所以我们没有必要把问题升级,更没有必要因此而破坏夫妻间的感情。

其实,故事里这对夫妻的问题很好解决,那就是“我行我素,互不干涉”。既然两人的爱好不能合拍,那么何不各行其是呢?丈夫完全可以在周末的时候和朋友出去玩,而妻子则可以在家里享受一个人的清净。这样不仅自己享受了乐趣,也让对方保留了自己的爱好,谁也用不着迁就谁,更不会因此而吵架。丈夫运动回来可以和妻子分享一下运动的喜悦,妻子也可以和丈夫谈谈自己在家看书、听音乐的心得,这样既让自己尽了兴,又增加了夫妻间的交流,不会让彼此有疏离感。夫妻双方虽然是一个有机的整体,但是这个整体并不是要湮灭个性,而且两个人也没有必要时时刻刻都待在一起,适当的给彼此一些自由和个人空间对巩固夫妻间的感情是有好处的。当然,两人也可以找一些双方都喜爱的活动,例如在周末找一部双方都喜欢的电影看看,或者去找夫妻双方共同的朋友聊聊天,上街购物也是一种不错的消遣方式。总之,当夫妻双方兴趣爱好不同的时候,既要保持各自的特性,又要寻找夫妻间的共性,兼顾了两者会让你在婚姻中轻松而自在。

问题三：当妻子唠叨的时候

唠叨或许是妻子们的通病，不管婚前的她是多么的文静，结婚之后尤其是有了孩子之后都会逐渐地变得喋喋不休，一点小事都可以唠叨个没完，让做丈夫的头疼不已。

面对妻子的唠叨丈夫们大都是两种反应：一种是被烦得不行之后，大发雷霆，用自己的吼声镇住妻子的唠叨声；一种就是充耳不闻、装聋作哑，甚至逃之夭夭，留下妻子在那儿自个儿说个不停。虽然男人都很烦女人唠叨，女人一唠叨就给人一种琐碎、没品位、婆婆妈妈的感觉，但是很少有丈夫能够静下心来听一听妻子唠叨的到底是什么东西。

其实，妻子成天挂在嘴上的不外乎三件事：一是社会上的一些所见所闻，二是家里的柴米油盐酱醋茶这些琐碎小事，三就是身边的人(包括亲戚、朋友、邻居、同事)所发生的一些事情。

而妻子之所以成天唠叨也不外乎两个原因：一种是出于关心的唠叨，例如她成天唠叨丈夫和孩子无非就是天冷了要多加件衣服、要注意饮食多吃蔬菜和水果、晚上不要睡得太晚、要搞好个人的清洁卫生，实际上就是关心他们的生活。由于这种关心太甚，就有点恨不得事事都为他们想到、事事都为他们操心的感觉了。面对丈夫和孩子的问题和缺点，她比他们自己还着急，于是乎唠唠叨

叨就不可避免了。另一种唠叨其实是一种倾诉的需要，要知道女人是很感性的，她们往往心直口快、巧舌如簧，不可否认她们的语言能力是天生的，她们对于情感的需要也是与生俱来的。她们愿意向身边的人倾诉她们的情感并且希望得到他们的回应，她们需要表达她们对别人的关爱同时也希望从别人那里得到相同的回报。因此，女人的唠叨是爱的另一种表达方式，是一种关怀和体贴。

看清了女人唠叨的本质之后，丈夫们也许可以理解妻子们的唠叨了。而且，作为一个聪明的丈夫，不妨试着用心去聆听妻子的唠叨，不时地和她一起讨论一些生活中的琐事，并且也可以向她诉说一下工作中的烦恼，这样不仅可以增加生活的情趣、增进彼此的沟通，也可以缓解工作的压力、排解自己的情绪。

有一位丈夫在结婚之后发现自己原本文静的妻子变得越来越唠叨了，刚开始他也觉得很烦，经常因此而和妻子吵架。有一天，他突发奇想，为什么不做一件妻子一直唠唠叨叨了很久的事情呢？他想起妻子一直抱怨厨房的下水道老是堵塞，给她在厨房的工作带来了很大的麻烦，于是他不声不响地把厨房的下水道修理好了。妻子一直觉得客厅的灯颜色太暗，于是他又把客厅的灯换了。在不知不觉中，他把妻子一直唠叨的事都做完了，才发现原来这些对他来说只不过是举手之劳。妻子下班回到家后，发现了家里的变化，惊喜之余更多的是感动。她感受到了丈夫的细心和关爱，情感的需求得到了满足，心情自然也就变得平和。长期导致两人战争的导火索在丈夫的

一次突发奇想中熄灭了。因此，做一件妻子唠叨了很久的事情也许会收到意想不到的效果。

当然，做妻子的也应当适可而止。过于喋喋不休，让对方无法有一个安静的环境，时间长了，再大度、再有忍耐力的人也会受不了的，就像《大话西游》中的那个唐僧一样，唠叨到最后连大慈大悲的观音菩萨都受不了。有些事情说十遍的效果不一定比只说一遍的效果好，唠叨会降低你话语中的分量，所以聪明的妻子也应该学会适当地控制自己。

问题四：当丈夫一心扑在工作上时

事业在男人的生命中有着不可比拟的分量，面对"爱情、事业、家庭"的排列组合时很多男人都把事业排在了第一位。事业能够给予男人自信和成就感，男人的魅力在很大程度上来自于他们的事业成功，许多事业有成的男士对女士有着很大的吸引力。婚前他为事业奋斗你会觉得他是一个上进心强、有责任感的人，可是婚后如果丈夫仍旧一心扑在工作上，妻子也许就会感到被忽视了。

丈夫一心忙工作，对于做妻子的来说，是福也是祸。从积极的方面来说，事业心强、积极进取是一个优点。尤其是在今天这个瞬息万变、竞争激烈的社会，生存的压力使人们不得不终日为事业打拼，毕竟在这个社会中谁都活得不轻松。丈夫为事业奋斗，实际上也是在为妻子、为这个家庭奋斗，因为根据目前大多数家庭的情况而言，丈夫仍然是家庭的主要经济支持者。而且，如果有朝一日

丈夫功成名就了，妻子也可以分享丈夫成功的喜悦。从消极的角度来讲，丈夫过于关心事业，将心思和精力都放在了事业上，自然而然就会减少和妻子相处的时间，忽略妻子的感受，所以时间长了妻子就会有被忽视、被冷落的感觉，夫妻之间缺乏沟通和交流，夫妻感情自然要受影响。另外丈夫把自己的时间和精力都放在了事业上，自然也就无暇顾及家庭了，于是操持家务、抚养孩子、照顾老人这些事情就都落在了妻子身上。许多成功男人的背后都会有一个默默奉献的女人，可是当人们羡慕这个男人的成功时，却很少会想到他背后这个女人的辛酸。

如何处理好家庭和事业的关系是大多数现代人所面临的难题。成功的现代人应该是事业和家庭"双赢"的，牺牲家庭来换取事业的成功是得不偿失。其实，对于丈夫来说专注于事业固然重要，但是绝不能把这个当作推脱家庭责任的借口。一个幸福美满的家庭是需要夫妻双方共同经营的，仅有经济的投入是不够的，还需要情感的投入和责任的分担。事实上，工作繁忙和对妻子的关心这两者并不是矛盾的，现代的通信设备很发达，在工作间隙或午休时间给妻子打一个电话、发一条短信或者写一封 E-mail 都只是举手之劳，关键看你愿不愿意做。有心的丈夫不仅会成功地经营工作，也会成功地经营婚姻。每天一个简短的问候、一次简单而温馨的交流会使夫妻间的感情增温不少。工作之余陪妻子聊聊天、做做运动、看看电视，不仅放松了自己，也增加了夫妻相处的时间和机会。

对于妻子而言，也应该适当地调整自己。有人曾经说过男人将事业当成生命的全部，而女人则将爱情当成生命的全部。作为现代女性，爱情固然重要，事业和自我也不能忽视。作者一直比较赞成一种观点，就是现代女性应该将自己的时间和精力分成三部分：三分之一献给爱情和家庭，三分之一用来为事业奋斗，而剩下的三分之一则留给自己。很多女性在为事业和家庭奋斗的时候不知不觉迷失了自我，但是在现代社会中自我的修养是很重要的。现代女性应该拥有一个属于自己的空间，在这个空间中可以包括自己的事业、自己的财富、自己的朋友、自己的兴趣。你拥有的东西越多，生命的内容就会越丰富。有些女性将爱情当作生活的全部内容，关注点太少，情感的支柱也就很少了，一旦对方不能满足她的要求，失落感就会变得比一般人强烈。如果能够扩充生活的内容，情感的支柱多了，对失望的承受能力也会增强。即使丈夫一心扑在工作上，做妻子的也无须成天怨声载道，觉得自己被忽视了。妻子完全可以利用这段时间给自己好好充充电，干一些自己感兴趣的事情，和好友多联络，相约一起逛逛街。找到自己的兴趣点、多和外界接触，不仅可以排解自己的寂寞，也可以扩大视野和生活圈，活出自我才能让生活变得精彩。

问题五：当妻子为家务烦恼时

家务是导致夫妻感情不和的三大元凶之一。如何分配家务也成了现代家庭中的一个大问题。以前传统的家

庭模式是“男主外、女主内”,丈夫外出挣钱养家,妻子则在家操持家务,夫妻双方也相安无事。这样的一种家庭分工和角色模式在中国历史上持续了几千年之久。可是,到了现代社会,女性走出了家庭,她们有了自己的事业和收入,妻子和丈夫一样朝九晚五地工作,下班后谁来做家务就成了现代家庭中的一个问题了。现代女性常常因为在工作之后还要承担家务而满腹牢骚,面对没完没了的家务她们愤怒、烦躁、失望,有时对家务的深恶痛绝还会转化为对丈夫的指责和对婚姻的不满。尤其是当妻子们洗衣服洗得满头大汗、打扫房间累得气喘吁吁的时候,一回头却发现丈夫正在沙发上悠闲地看着报纸,妻子心中的怨气就会不由自主地涌出来。

而现在有些男士深受几千年传统思想的影响,大男子主义十分严重,深信男人做家务就是窝囊、没出息。所以他们宁可无所事事地喝茶看报纸,也不愿意帮妻子一把。长此以往,矛盾自然就会不断地升级。曾在网络上看到这样一个故事:夫妻俩刚刚结婚,妻子对婚姻生活满怀希望,每天下了班就早早地回到家,洗衣做饭,承担了家里所有的家务,丈夫每天总是在妻子做好饭菜之后才回家,即使回到家也不帮忙。妻子刚开始并不在乎,认为爱情就应该奉献。有一天,妻子下班后路过丈夫的公司,想和丈夫结伴回家,当她走进办公楼的时候老远就听见了打扑克的声音,走到办公室门口听见她的丈夫正在对另一个人说:“回去那么早干嘛?回去早了要干活儿,不如等老婆把饭菜都做好了再回去,就告诉她你要加班,说不定她还会犒劳犒劳你呢。”没多久，妻子就和丈夫离婚了。

其实，家庭是夫妻双方共同缔造的，就需要夫妻双方共同来经营。家本来就是两个人的，所以在家务上谁都无权袖手旁观，和妻子分担家务也是家庭生活的一部分。不要认为家务是很琐碎的事情，其实家务劳动也是有价值的。不少欧美国家将家务劳动看成是和外出工作具有同等价值的劳动，家务劳动也是一种有偿劳动。只可惜，在国内家务劳动的价值往往被人们所忽视。试想，如果没有一个清洁舒适的家庭环境，人们回到家后得不到很好的休息和放松，势必要影响第二天工作的心情和质量。因此，和妻子共同分担家务是丈夫们不可推卸的责任。家务分配上的平等也是家庭生活幸福美满的关键。

其实，很多丈夫不愿意做家务是无法克服心理上的排斥感，老觉得男人做家务是很没面子的事情。然而，在现代社会中价值的体现是多元化的，男人能烧得一手好菜其实也是一种成就。

另外，有些男人老是觉得做家务是一件很枯燥、很烦琐的事情，所以不愿意插手。但是，凡事都是有两面的，懂得生活的夫妻会把做家务当成是夫妻间的一种合作。一个人做家务当然会觉得既无趣又心烦啦，两个人做家务的话就可以减少劳动量，毕竟两双手干活比一双手干活要快得多；而且夫妻双方在做家务的过程中可以聊聊天，增加双方的交流，岂不是可以一举两得？当夫妻俩通过共同的劳动换得一个窗明几净的家时，相信双方都会

感到一种满足感和成就感。当然啦,如果哪天夫妻俩都不想做家务的话,不妨让钟点工来帮帮忙,家政服务可以让夫妻偶尔也偷得半日闲。

问题六:当婚姻生活中出现第三者时

前几年一部根据同名小说拍摄的电视连续剧《牵手》,因讲述了一个现代婚姻生活中所普遍存在的现象——婚外恋,而引起了大众的关注和讨论。电视剧的男主人公钟锐是一个电脑软件设计的高手,大学毕业后和朋友合伙办了一个公司。钟锐的妻子夏晓雪是他的大学同学,大学时代的她也曾经是一个冰雪聪明、才华横溢的女子。结婚之后,她把自己的全部精力都放在了家庭的经营上,为了支持丈夫的工作,她独自承担了家庭的事务。婚后的生活是平淡而琐碎的,夫妻俩也经常因为一些小事而吵吵闹闹。后来,钟锐因为与合伙人意见不一而退出了公司,失去了工作的他面临着前所未有的窘境,房子和车都被公司收了回去,生活优裕的一家人一下子跌入了低谷,生存的压力进一步加大了夫妻间的矛盾。就在钟锐处于人生的低谷的时候,一个刚毕业的女大学生王纯闯入了钟锐的生活。王纯的聪颖、干练以及她的朝气蓬勃都吸引着钟锐,而钟锐的才气和他身上那种成熟男人的气质也同样地吸引着王纯。于是两人不可避免地堕入了爱河。钟锐经常以工作为名避开妻子而和王纯在一起。最后,妻子夏晓雪还是发现了钟锐和王纯的关系,她哭过也闹过,却始终无法挽回丈夫的心。故事的结局是个悲剧,王纯最后离开了钟锐,也离开了那座让她有着许多美好回忆的城市。夏晓雪却因为一次意外而进了医院……故事里的人物或许是虚构的,但是故事中所讲述的内容却是真实地存在于我们的现实生活中。

曾几何时,婚外恋由一个曾被认为是道德沦丧、品德败坏的行为而逐渐成为了人们司空见惯的事情。在现代社会中,婚外恋成为了现代婚姻最大的威胁,它已经成为

导致婚姻破裂、夫妻离异的主要原因。忠贞专一本是婚姻对于夫妻双方的基本要求,而婚外恋无疑是对这一基本准则的彻底毁灭。不论是情感上的背叛,还是肉体上的背叛,或者两者兼而有之,这些都会给婚姻以致命的打

击。

为何会出现婚外恋?人们应该对婚外恋持何种态度?这些是人们探询了很久但又很难有答案的问题。所谓"清官难断家务事",感情这种东西本来就是很难说清楚的,也无法简单地用"对"或者"错"来衡量。婚姻就像一座围城,它给予了人们保障的同时也给予了人们以限制。有些结了婚的人在这座城中待的时间长了,体会了婚姻的现实与琐碎之后就会向往城外的风景,熟悉了丈夫和妻子的方方面面之后,婚姻中也就缺少了新鲜与刺激。所以,对于有些人来说充满了激情的婚外恋比平实的婚姻生活更吸引人。感觉新鲜才会有激情,若即若离才会产生美感,得不到的东西永远是最好的。婚外恋从某种程度上来讲是满足了人们心灵深处的某种不可名状的欲望与猎奇的心理,越是被禁止的事情越能勾起人们的好奇心。而且,爱情本身是包涵了多方面内容的,既有对于对方外貌的欣赏,又有对对方性格、气质、才华、能力、地位、事业、情趣等多方面的爱慕。但是人无完人,也许你的伴侣满足了你视觉上的愉悦后就无法同时满足你性格上的要求,或者你和伴侣心灵相通,但她(他)的外表却又不尽如人意。人对感情的多方面需求也许是导致婚外恋的另一个因素,许多第三者身上往往具备了伴侣所没有的特质。还有一种情况就是原来的婚姻根本就是一个不幸的婚姻,婚姻不能带来幸福,而只能带来痛苦,因此从婚姻中得不到的东西就只能从婚外来寻找了。

20 世纪 80 年代以后,随着时代的发展、社会的变迁,人们的思想观念、社会的道德标准也发生了很大的变化，人们生活水平和文化素质的提高、社会环境的宽松以及人们对婚姻质量的追求都为婚外恋的发展提供了土壤。白头偕老本是人们对婚姻的美好愿望，然而在现代这个浮躁的社会中，婚姻和爱情的永恒似乎已经变得遥不可及了。

婚外恋作为一种处于法律和道德边缘的情感，无论对第三者还是对婚姻中的夫妻双方来说都是一种痛苦的经历。无论婚外的这段感情有多美好，毕竟这是建立在对他人的伤害的基础上、是建立在对婚姻的背叛的基础上的。即使婚外恋的双方是出于真情，这段感情也是有缺陷的。因此，对于婚外恋如果能避免的话，最好还是不要出轨。如果很不幸，你的婚姻已经遭遇到了第三者的侵袭的话，这时作为夫妻双方都应该冷静地对待。因为现实生活中众多的实例已经证明了大吵大闹、辱骂报复都是无济于事的，而且还会使事情进一步恶化，适得其反。

对于已经发生了婚外恋的家庭，无论是作为出轨者，还是作为受伤害者，都应该冷静地想一想这段婚姻还有没有维持下去的必要。如果婚姻已经无法挽回的话，固守就没有多大意义了，毕竟强扭的瓜不甜，对于一段变了质的婚姻和感情固守下去只会把伤害加深，因此对于受伤害的一方来说该放手的时候就应该放手，收拾起情绪去寻找下一段更好的感情。如果夫妻双方在经过了冷静的思考之后仍然觉得这段婚姻可以继续下去，婚外恋所

造成的伤害还没有大到要结束这段婚姻的地步，这时就需要夫妻双方好好考虑一下如何面对婚外恋所带来的问题了。

事实上，很多男人婚外恋只不过是寻求一时的刺激，他们并没有想过要和妻子离婚，而且现在人们对于婚外恋的宽容度也高了。北京市曾经做过一次调查，当被问及“如果夫妻一方发生婚外恋后怎么办”时，70%以上的被调查者都表示不会轻易选择离婚，而是采取更宽容、更理智的态度来“努力挽回”。所以如果夫妻双方都想挽救这段婚姻的话，首先就应该正视婚外恋这个事实，任何一方都不能采取回避的态度。装聋作哑并不能解决问题，而只能造成更深的隐患。夫妻双方应该直言不讳地谈论这个问题，双方坦诚地进行一次沟通，找出夫妻之间的问题在哪儿，并且积极地弥补因婚外恋所造成的裂痕。发生婚外恋的一方应该用真诚的态度向自己的伴侣道歉，并且尽早地和第三者结束关系。而对于受伤害的一方来说，最好的态度应该是不卑不亢，而大发雷霆、冷战或者用各种方式进行惩罚和报复都是不明智的做法，因为这样只能再次把伴侣推向第三者那边。既然想留住婚姻，就应该做好准备用宽容的态度来接受对方。

婚外恋给夫妻双方造成的阴影也许很长时间都不能消失，所以维持这段曾经有过裂痕的婚姻就更需要夫妻双方的加倍努力。彼此间的忠诚、理解和信任仍然是不可少的，夫妻双方还可以多进行交流和沟通，及时地了解对方感受，建立一种开放、坦诚的关系。夫妻可以共同回忆以前的美好时光,毕竟两人也是曾经真诚地相爱过的,找回与伴侣热恋时的美好感觉,时常回忆让彼此心动的场景和气氛,这些都有利于夫妻感情的增温。另外,夫妻双方还可以尝试着寻找两人之间新的兴趣点,例如两人可以抛开一切烦心的事情进行一次浪漫的旅行,或者做一件双方一直都想做的事情,让新鲜的事物给彼此的感情带来新的激情。婚姻中遭遇婚外恋固然是一件让人痛苦的事情,但只要双方处理得当,也可以把婚外恋的伤害降到最低。

问题七:"性福"与幸福

性与爱的和谐是婚姻幸福的关键。人类的性爱是一件自然而美好的事情,它既是一种正常的生理需求,又是繁衍后代的必要手段,美好的性爱还能够增加夫妻之间的亲密感,维持婚姻和家庭的幸福与美满。医学研究表明,和谐美满的性爱对于夫妻双方的身心健康都是益处良多的,缺乏性生活或者性生活的质量低下,不仅影响夫妻间感情的升华,还会对夫妻的健康造成不良影响,不少夫妻因为性生活的不和谐而留下了各种心理和身体疾病。因此,夫妻之间追求完美的性爱也是一种婚姻健康的表现。但是,中国几千年的封建传统对性都是采取保守的态度和负面的评价,认为性是下流的、无耻的,人们要是追求性爱就是道德沦丧,性的价值仅仅在于生殖,在于传宗接代。因此,长期以来中国人很少谈性,即使是夫妻之间对性也是绝口不提,更不用说什么性教育和性健

康知识的宣传和普及了。对性的避讳造成的后果就是人们性知识的贫乏并且严重影响了夫妻的身心健康和婚姻质量。近年来，随着社会的开放和文明程度不断的提高，人们对性的态度也有所转变，并且逐渐意识到性爱在婚姻生活中的重要性了。

夫妻之间的性与夫妻之间的情感是密不可分的，保持良好性爱生活的基础在于夫妻之间的感情以及彼此的照顾与关心。没有性的夫妻之情是不完整的，但是没有了情的性也会变得索然无味。夫妻在日常生活中应该注意为性爱营造一个温馨的情感氛围：出门之前给伴侣一个告别之吻、回家后彼此来一个热情的拥抱、在适当的时候增加夫妻间的亲密接触、周末进行一次浪漫之旅，这些都能让家庭充满着爱的气氛。

夫妻之间对性爱应该有一种美的认知。重视夫妻间

的性生活，性生活不仅仅是夫妻间生理上的结合，更是夫妻情感的融合，有些夫妻对性生活认识不够，出于各种原因不愿甚至拒绝和伴侣过性生活，给婚姻生活带来严重的负作用。另外夫妻双方不仅要对夫妻间的性爱有健康、正确的认识，而且还应该具备必须的性健康知识。了解和尊重伴侣的身体状况和生理周期，让夫妻间的性爱具有良好的生理基础。

重视夫妻间的性技巧和性交流。性技巧是保障高质量性爱的关键，不要以为性是一种生理本能就可以无师自通，性技巧同样是需要学习、研究和不断体会的。夫妻之间应该坦然地面对性生活中的各种“技术问题”，例如前戏、体位、如何达到高潮、高潮后的抚慰、夫妻双方高潮的同步等问题都是需要夫妻双方进行沟通和交流的。性交流是夫妻性爱生活中必不可少的步骤，它能够让夫妻更快地熟悉彼此、了解彼此在性爱过程中的感受，将双方最美好的感觉保留下来并且与伴侣分享，能够让性爱生活去粗取精，使性爱的境界和质量不断地提高。

及时解决夫妻性生活中存在的问题。对夫妻性生活中所存在的问题应该重视，避讳、容忍只能使问题变得更加严重。性生活是受到夫妻双方的身体状况、情绪、环境等多种因素影响的，丈夫有可能因为身体原因或体力不支而提不起性趣，妻子也有可能因为情绪紧张而达不到高潮，所以夫妻双方不一定每一次都能获得高质量的性生活。当夫妻性生活中出现问题时切忌隐瞒，应当及时地提出来并积极地寻求解决方法，尤其是夫妻中的某一

方出现生理上的问题时更应该及早就医。另外夫妻双方在对待性问题时应该互相理解互相宽容,性惩罚和性报复都是极其不明智的举措。

中年夫妻应该避免性厌倦。不要狭隘地将性生活理解为年轻夫妻的事情,中老年夫妻同样需要健康的性生活。中年夫妻由于经历了长期的性关系和婚姻关系,彼此之间过于熟悉,性生活也形成了一定的模式,机械化了的性生活难免会让人产生一些厌烦的情绪,所以有些夫妻甚至进入中年之后就没有性生活了,性厌倦成为了中年夫妻性生活的一大障碍。其实,要想避免性厌倦,夫妻就应该勇于尝试、勇于创新。换一个场所,换一个时间,换一种做爱的方式和体位,让彼此都感受一下全新的体验,夫妻双方将重新发现对方的魅力所在。

问题八:夫妻间拒绝沉默

有一对夫妻,双方都受过高等教育,丈夫在大学工作,妻子在一家杂志社当编辑。夫妻两人都是内涵极好、修养极高的知识分子。两人的婚姻生活可谓是风平浪静,邻居家常因生活琐事而吵得不可开交,破口大骂、摔盘子砸碗的事也时有发生,可是这对夫妻却从没脸红脖子粗过。邻居家的妻子曾经十分羡慕这对夫妻,说人家到底是受过高等教育的人,知识分子就是不一样,夫妻俩恩爱得都没有大声吵过架。不久,这一对让邻居们看好和羡慕的夫妻却突然离婚了,丈夫平静地搬出了他们的家,离婚也办得十分低调,让周围的人都惊讶不已。感情这么好的夫妻怎么说离就离了呢，事先一点征兆都没有啊。

直到后来，人们才通过各种途径、断断续续地知道了他们离婚的原因。其实，这对相敬如宾的夫妻之间并不是没有问题的，他们也存在着各种矛盾，也会因为一些日常生活中的琐事而烦恼，但作为知识分子的他们却不愿像平常人那样大吵大闹，觉得这样做简直太没修养了，于是两人发生矛盾时最常用的办法就是冷战，谁也不说话，谁也不理谁，冷战期间双方都尽量地避开对方、避开对方的问题，到最后双方忘记了吵架的原因、身心俱疲的时候冷战也就结束了。时间长了，双方的矛盾并没有丝毫的消减，而是作为隐患埋藏了下来，夫妻冷战的时间也越来越长，夫妻之间变得无话可说，更不用提彼此间的情义了。直到有一天双方都觉得没有再在一起的必要了，于是夫妻俩平静地办了离婚手续。

有段时间人们曾经崇尚“沉默是金”，然而，如今“沉默是金”已经不再被人们所普遍认可了，对于婚姻来说沉默是婚姻生活的“黑洞”。在婚姻中，夫妻双方本应该是互相沟通、互相理解的，沉默却在夫妻之间搁置了一座无形的屏障，给夫妻造成了心灵上的隔阂。沉默并不是一种和解，而是一种消极的对抗，它只能让夫妻间的矛盾越来越深，即使不会在第一时间爆发，也会给后来的生活带来隐患。夫妻都是凡人，谁都没有完全看透对方心思的天赋，而且也不是心理专家，不要以为对方时刻都知道你心里在想什么。有了问题不愿说出来，憋在心里谁都不

好受，有时候长时间的冷战还不如大吵一场来得痛快，平时吵吵闹闹的夫妻未必不幸福。让伴侣知道自己的真实感受比隐瞒要好得多，心理学家认为，夫妻之间适度的争吵是有好处的。把问题说出来，把自己的真实感受表达出来，有利于双方找出问题的症结所在，也就便于找出解决的方法。

还有些丈夫不和妻子吵架并不是涵养多好、多有风度，而是觉得男人不应该和女人一般见识，和老婆吵架是一件很没意思的事情，只会让人觉得他没有男子汉气概、小肚鸡肠，为了避免和妻子争吵就一味的忍让退缩，对夫妻间存在的问题也视而不见、充耳不闻。这种沉默和退让只会激起妻子更大的愤怒，导致的后果只有两种：一是妻子以其人之道还治其人之身也保持沉默，其结果就和上面故事中所提到的那对夫妻一样；第二种就是妻子用歇斯底里来对待丈夫的退缩，当然这种结果也好不到哪里去。所以，为了婚姻生活的幸福，男人也应该勇于表达自己的观点，和妻子争论到底，直到把问题解决为止。当然，夫妻吵架还是要有一定限度的，不要互相攻击、互相辱骂，切忌言语粗俗，也不要把争吵升级为暴力，争吵的过程中双方都要保持一定的理性和分寸。

问题九：全部占有他（她）的心——夫妻之间是否应该有隐私？

前不久，在搜狐网站上看到一篇题目为“老公，我要与你亲密有间”的情感实录。故事以一个妻子的口吻讲述了一对夫妻是怎样从“亲密无间”走向“亲密有间”的。女主人公和丈夫感情很好，结婚后两人依然如胶似漆、难舍难分。丈夫只要离开妻子的视线一分钟，妻子都忍不住要追问“什么事”或“怎么了”。时间长了，丈夫自然就有怨言了，他受不了妻子分秒不差的爱，也受不了她凡事必问的好奇心和占有欲。于是，丈夫故意在妻子盘问的时候不出声，或者和妻子开玩笑。在一次丈夫不经意的抱怨中妻子终于明白了自己的好奇心和占有欲给丈夫造成了压力，所以妻子渐渐地开始收敛自己的好奇心，忍住猜疑和忌妒，再也不对丈夫的事情追根究底地问个明白了。过了一段时间之后，丈夫反而主动地跟妻子聊天，向她诉说自己的心思和身边发生的事情。就这样，这个聪明的妻子“以退为进，以守为攻”，以静默的尊重赢得了丈夫的信任，也赢得了与丈夫共享秘密的权利。

其实，在我们的现实生活中，像文中这种问长问短的妻子或丈夫并不在少数，相信不少人都受到过配偶出于关心的追查和盘问。因为，通常人们都会认为夫妻是一体的，既然双方建立了亲密的关系，那么就有权与对方共享一切，不管是物质上的还是精神上的。夫妻之间是不应该存在秘密的，有了秘密还叫什么夫妻呀？另一方面，由于夫妻之间的感情是独占性的，无论是丈夫还是妻子都希望自己是对方心中的唯一，所以不少丈夫和妻子因为担心配偶的出轨和背叛而希望全面了解和掌握配偶的一举一动，希望能够时刻窥探到对方的心思。于是，现实的婚姻生活中就会经常出现像上文中女主人公那样的情

况：丈夫走到哪儿妻子的追踪电话就打到哪儿，丈夫一旦出差或者晚归妻子就要问个没完没了，丈夫一旦有点异常或者有心事就会引起妻子的猜疑。当然，现实生活中也存在着“小心眼儿”的丈夫，妻子到哪儿他都必定要跟随，妻子一天24小时的行踪都要汇报，妻子和异性接触他就要刨根问底。虽然这种做法未必是出于恶意，恰恰相反，很多情况下都是出于好心，都是基于对对方的关心和对夫妻间感情的重视，但是过强的占有欲、过分的好奇心、过于沉重的爱，到头来反而会变成对方的负担和枷锁。

也许，有人会说坦诚不是夫妻相处的基本原则吗？不错，婚姻确实是两个人最亲密的结合，婚姻也确实需要夫妻双方的坦诚相待，但是，夫妻之间的坦诚也是有一定限度的。夫妻毕竟是两个独立的个体，丈夫和妻子都拥有作为一个独立个体的权利和尊严，所以，在婚姻中夫妻同样的拥有保留自己隐私的权利。隐私权是现代社会中公民所享有的基本权利之一，是受到法律保护的。对个人隐私权的尊重是一个社会文明进步的表现。在婚姻生活中，夫妻双方相互尊重对方的隐私权也是相互信任的一种表现。隐私并不是一种罪过，而只是人的一种本能的自我保护。不愿说出来与人分享的事情也并不一定就是什么见不得人的事情。心理学家们的研究也表明人和人的相处是需要距离的，每个人都有一个不愿意被别人侵入的领域，一旦有人侵入这个领域就会引起当事人的反感和不适，甚至引发双方的争端。关系再亲密的人之间也会存在一定的距离，任何人无论是在心理上还是在现实中都需要一定的私人空间，过分的“亲密”只能令双方都不舒服。在每一个人的心灵中都会有一片只属于自己的净土，每一个人的潜意识中都希望为自己保留一间心灵的小屋，并不是所有的事情都希望与他人分享，每个人都会有属于自己的秘密。只要对方的这些秘密不会对婚姻造成影响，不会伤害夫妻间的感情，那么让对方保留一点小秘密又有何不可呢？

对配偶的关心本是一件好事，对婚姻的重视本也无可厚非，但这并不意味着你就可以获得对配偶24小时监视的权利，也并不意味着你有窥探配偶隐私的权利。相信谁都不愿意成天生活在别人的窥视和盘问之下，盯梢式的爱情只会把婚姻变成“囚笼”。如果对方愿意与你分享某些东西的话，就算你不问，他（她）也会不打自招，跟你实话实说；如果对方不愿意让你进入他（她）的心灵的禁区的话，即使强行进入了得到的结果也不会让人满意。而且，事实上，在现实生活中对于那些“盯梢式”的丈夫或妻子而言，在锲而不舍地追问之后得到的结果往往是一些鸡毛蒜皮的小事。就像上文中我们提到的那个女主人公一样，有一次她丈夫在喝酒的中途突然跑出去，几分钟之后又跑了回来，女主人公照例追问丈夫干什么去了，没想到这次丈夫却守口如瓶就是不告诉她干什么去了。其实丈夫只是出去买了一包花生米。试想连丈夫出去买一包花生米都要汇报，这样的妻子能不让人害怕吗？离开几分钟就要打破沙锅问到底，这样的婚姻生活能不变成

"囚笼"吗?这种火一般"炽热"的爱情估计没有几个人消受得了。夫妻间的交流和沟通固然重要,但也无需事事计较、在一些小事上纠缠不清。为一些根本不值得一提的小事而互相猜疑,确实不是明智的做法。

有人曾把婚姻比作放风筝,适度的放手是为了让它飞得更高。所以,在婚姻生活中夫妻双方都应该给对方一定的自由和空间,只要拽牢了手中的线,有时候让他(她)飞得高一点又有什么关系呢?正如我们上文中的女主人公最后所领悟到的那样:爱情应该亲密有间,要用理智的判断来驾驭婚姻的小舟;爱不能那么霸道,好日子要慢慢品,细水才能长流!

5. 如何面对婚姻的危险期?

所谓婚姻的危险期,就是指在婚后的夫妻生活过程中,有几个时期夫妻之间的关系会因为种种原因而变得十分的紧张和脆弱,这几个时期是离婚的高发期,离婚数占总离婚数的70%,因此社会学家将这几个时期称为婚姻的危险期。一般来讲,社会学家们认为虽然离异是贯穿婚姻生活始终的,但是有四个时期是危险性最大的:

第一个危险期:孩子的出生

孩子是夫妻二人世界的第三者,孩子出生后夫妻双方都要进入一个新的角色,夫妻间的关系也会因此而有所改变。孩子的介入使得夫妻无论是在经济上、时间上还是在精力上都感到了压力,照顾孩子必然要占去夫妻双方的很多时间,因此夫妻之间亲密度和娱乐的时间大大减少，尤其是妻子，母亲的天性使得妻子往往将更多的关爱和情感投注到了孩子身上，常常在不经意间忽略了丈夫。“二人世界”秩序被打破，使得夫妻双方对婚姻同时感到紧张、困惑和茫然。夫妻因为孩子的问题而起争执是在所难免的事情，孩子成为了导致夫妻离异的三大因素之一。

第二个危险期：婚后的四至五年

这个时期夫妻双方经历了一段共同生活之后，双方都已经熟悉对方了，激情和新鲜感已过，余下的生活就慢慢变得平淡乏味了。丈夫的事业进入了一定的阶段，成天碌碌而无为地工作，回到家里也是躺在沙发上看电视，对成堆的家务视而不见；妻子既要工作又要照顾孩子，成天忙得蓬头垢面，也疏于打扮。夫妻间没有了交流，也没有了卿卿我我，即使在一起过过夫妻生活，也只是例行公事，敷衍了事。有位社会学家调查了70位与有妇之夫有

染的女性,发现这些婚外情多半始于单纯的友谊。夫妻将本应该向伴侣倾诉的知心话说给了第三者,无论是谁先出轨,婚姻的失败夫妻双方都难辞其咎。

第三个危险期:婚后七年左右

社会学家的调查发现,夫妻在婚后的六至十年间对婚姻的满意程度降至最低点,而离婚的发生率也在婚后第七至十年形成高峰。婚后七年,夫妻双方由单纯的感情关系变成了生存关系,恋爱的幻想被实质性的生活所打破。这时候就需要夫妻双方用最大的容忍度、最多的关怀来帮助对方,以保证婚姻的质量,维系彼此的关系。

第四个危险期:婚后20年左右

结婚20年后,夫妻双方都步入了中年,男女双方因为年龄的缘故身体状况都在逐渐地发生变化。妻子进入了更年期后往往烦躁不安,一点小事就能让她火冒三丈。看着自己青春不再,妻子往往担心自己失去对丈夫的吸引力。与此同时,丈夫也为日渐衰老而忧心忡忡——精力不再充沛,才思不再敏捷,体力逐渐不支,事业也进入了平台期。其实,男人对衰老的恐惧更甚于女人,因此,此刻的丈夫正需要理解和安慰,而妻子也有同样的需要。所以,如果夫妻双方的情感需要得不到满足就容易对婚姻产生失望感,而且很有可能从婚外去寻求情感的慰藉。

婚姻的危险期就像是预先设置在夫妻婚姻生活中的几颗定时炸弹,到了一定的时间它就会爆炸,即使躲过了这一颗,那么下一颗呢?即使能够顺利过关,那么能否保障爆炸没有给夫妻的婚姻生活造成影响呢?既然婚姻中存在着这样的定时炸弹，那么如何顺利渡过婚姻的危险期也就成为大家所关心的问题了，下面我们提供两个原则来帮助大家面对婚姻的危险期：

首先，对于婚姻的危险期如果躲不掉的话，我们不妨未雨绸缪，先作打算。其实，两个人相处的时间久了，因为各种原因而产生矛盾、厌倦、不满的情绪是很正常的现象；不同的生活阶段会带来不同的问题，而这些问题给夫妻感情带来困扰也是在所难免的。所以，夫妻双方都应该对于婚姻的危险期有一个正确的认识，应该将其视为一种正常的现象，任何婚姻都会经历考验，感情再好的夫妻都会有吵架的时候。婚姻既然有甜蜜就会有痛苦，快乐和痛苦是一对双胞胎，没有尝试过痛苦的滋味人们就不会知道快乐的可贵。婚姻的危险期是对夫妻双方的共同考验，孩子所带来的压力和烦恼、生活的平淡无奇、年龄的增长、身体的衰老，这些都是需要夫妻双方共同面对的。因此，夫妻双方应该对婚姻的危险期有一定的心理准备，有备而来，面对问题时就不会手足无措了。在那些可预见的问题（例如孩子的出生、年龄的增长）到来之前，夫妻双方不妨事先对即将面临的问题进行一次开诚布公的讨论，提前给婚姻打一次预防针。正确认识婚姻的危险期并且作好相应的心理准备，是渡过婚姻危险期的第一个原则。

另外，对于处在婚姻危险期中的夫妻而言，更要打起十二分精神来经营自己的婚姻。婚姻中之所以会出现危险期，除了一些外来因素造成的困扰之外，有一个很重要

的原因就是这些时期恰好是婚姻的疲软时期,婚姻一旦稳定并且夫妻双方的相处模式一旦固定之后,夫妻双方往往就会疏于对婚姻的经营,而这时婚姻的危机也就在不知不觉中孕育了。许多人认为,如果婚姻遇到危机的话就会有迹象表现,但是事实上并非所有的迹象都那么明显,有很多时候危机都是潜伏的。如果有一天你发现你和伴侣之间的交流正在逐渐减少,你不再像以前那样关心他(她)的感受,而他(她)也常常不知道你在想什么,那么很有可能你们的婚姻已经陷入了危机。而处于危险期的婚姻往往让人灰心、失望,许多处于婚姻危险期的夫妻除了互相埋怨、吵架就是冷战或者对问题避而不见,这样只能导致恶性循环,岂不知处于危险期的婚姻才是最需要呵护和悉心经营的。其实,要渡过婚姻的危险期并不需要更多新的方法,只需要夫妻双方将宽容、理解、信任、真诚这些夫妻相处的基本原则做好,再加上一点小技巧就能化险为夷。婚姻不是一劳永逸的事情,它需要夫妻双方一生一世的经营,只要经营得好婚姻的危险期也是可以避免的。

第三章　如何解决现代家庭中的问题

家庭在发展的过程中无疑存在着许多问题。现代社会对于青春的强调到了无以复加的地步，当女人30，男人40时，他们感叹着青春和岁月的流逝，或许还生出一些无奈；现代妇女大多数在社会上参加工作，但同时她们在家庭中的传统角色依然存在，她们仍然要分担绝大部分的家务劳动，因此妇女的双重角色不可避免地造成了紧张；一方面男女平等的观念深入人心，另一方面，家庭暴力阴魂不散，盘桓在许多家庭的上空；中国的家庭模式从解放前的一夫多妻到解放后的一夫一妻，再到现在的离婚率增加、独身和未婚同居增多甚至丁克家庭的出现，呈现着一种多元的发展态势。这些问题都是值得我们关注和探讨的。

1. 女人30和男人40：如何协调年龄带来的问题和变化？

30岁对于女人来说是一个标志性的年龄，它犹如一道分水岭把女人的生命分成了两个截然不同的阶段，经过了而立之年的女人已经进入生命的成熟阶段。然而对于大多数女人来说30岁是一个让她们恐惧的年龄，过了30岁的女人就表示告别了朝气蓬勃的少女时代，不知不

觉中时间已经在她们的身上留下了痕迹。30多岁的女人脸上逐渐有了岁月的沧桑，十几岁时脸上的红晕、二十几岁时所拥有的光洁如玉的皮肤已经一去不复返了，细细的皱纹开始慢慢地爬上额头，眼角的鱼尾纹也在悄悄地显现；30多岁的女人身材也开始慢慢地走形，几年前买的衣服早就已经穿不上了，以前让人羡慕的杨柳腰也成为了历史，赘肉开始在腰间、腹部、臀部堆积，看着商场橱窗里掐腰瘦身的时装，30多岁的女人只有欣赏的份；30多岁的女人大多已经经历过爱情和婚姻了，已经是为人妻、为人母了，婚姻生活已经进入了轨道，孩子和家庭成为了她们生活的中心，每天柴米油盐酱醋茶的生活渐渐地把年轻时对浪漫的憧憬一点一点地消磨掉，相夫教子、照顾一家老小占据了她们绝大多数的时间和精力；30多岁的女人在事业上处于一种尴尬的地位，虽然说比上不足比下有余，可是30多岁的女人对于事业已经失去了年轻时候的冲劲和雄心了，对于各方面已经基本定型而且有着诸多牵绊的30多岁的女人来说，想在事业上再上一个台阶并不容易，尤其是在这样一个崇尚创新、提倡机警、多变的时代，经验已经不重要了，任何一个初出茅庐的20多岁的小伙子、小姑娘都会给前辈造成很大的威胁和压力，长江后浪推前浪，竞争的压力让30多岁的女人感到疲倦不已，偶尔还会有下岗、失业的危险。因此，女人一过了30岁就会感叹岁月的无情，有道是“女人30豆腐渣”，仿佛30多岁的女人已经一无是处了。

40对于男人而言如同30对于女人一样，也是一个生

命的分割点。虽然男人不会像女人那样在乎自己的容颜，但是时间对于男人来说也是无情的。40多岁的男人会感到自己的体力和精力明显不如以前了，如果说男人到了30多岁还可以挥霍自己的身体和健康的话，那么40岁的男人绝对会感到健康的重要性。40岁的男人肚子大了一圈又一圈，年轻时候所练就的一身肌肉早就变成了肥膘，以前浓密的头发也开始变得稀疏并且白发增生，皱纹也会毫不留情地爬上来，只不过大多数男人都不在意罢了。在事业上，到了40岁男人一般会开始反思自己的事业，如果事业没有任何起色的话自然会让人焦虑了，过了40岁还一事无成的话恐怕将来翻身的机会也不会很多；即使是事业有成的人，看着朝气蓬勃、豪情万丈的小伙子也会产生一点恐慌，毕竟人家有的是时间和精力，一不小心让他杀个措手不及，到时候就只有俯首称臣的份，“姜还是老的辣”在这个社会已经不那么灵验了。40岁的男人有妻儿、有家室，夫妻共同生活了一二十年，互相熟悉得就像自己的左右手，自然也就生不出什么新鲜感来了，孩子也在渐渐长大，孩子的教育和成长也会让40岁的男人操心不已，谁都希望自己的孩子成龙成凤，所谓“子不教，父之过”，孩子也无形中成了一种负担。所以，过了不惑之年的男人体会到的生活只有一个字——“累”，年轻时的潇洒和不羁早就成了往事。

因此，男人对40的恐惧其实和女人对30的恐惧是一样的，两者都是对时间流逝、青春不再的恐惧，是无法阻挡岁月的一种挫败感，当然其中也包涵了很多生活中的

无奈。其实,对于自然规律任何人都是无法抗拒的,关键在于你用何种心态去对待。曾在一本杂志上看到过这样一个故事:著名作家毛姆在欢度他80岁生日的时候,一位给他照过相的摄影师认为照片上的毛姆过于苍老,于是提出了一个善意的建议,他说可以替毛姆的这张照片做一些技术上的处理,除掉照片上的一些皱纹可以让照片好看一点。没想到这个建议遭到了毛姆的断然拒绝,他说:“不要,我绝对不要!我花了80年的时间才有了这些皱纹,我怎么能允许你在两分钟内把它们抹掉呢?”多么绝妙的回答,多么豁达的老人。年龄也是一种资本,年龄带来的不仅仅是衰老和皱纹,也带来了人生的经历和成熟。

30岁的女人或许没有20多岁的女孩青春逼人,但是她们沉稳而有气质,30岁的女人退却了青涩却依然风情万种,她们人情练达、品位上升、善解人意而又内心独立,相信看过《花样年华》的人都会为张曼玉在其中韵味十足的表演所折服,更会为这个30多岁女人所拥有的成熟气质所折服。

30岁的女人经历了岁月的洗礼而更具内涵和底蕴,如果说20岁女人的美美在她的青春和朝气的话,那么30岁女人的美则美在她的风度与气质。因此,30岁的女人无须羡慕20多岁的女人,因为她们自身就有许多东西是20岁女人所羡慕的。

同样的道理,40岁的男人虽然不再年轻,可是他们身上却有一股成熟的味道,40岁的男人无论如何在事业上

都会小有成就并且有一定的社会积累，他们不再毛躁、不再冲动和轻狂，他们更加宽容，也更懂得如何与人相处。他们身上有着毛头小伙子望尘莫及的从容与镇定，即使他们不再年轻，但他们身上同样会散发魅力。即使20多岁的年轻人来势汹汹，但如果你从容应对未必会落下风。只要乐观地看待问题，30岁的女人和40岁的男人一样能从年龄上得到优势。

所以，协调年龄带来的变化和问题时：

首先，要保持一个乐观的心态。即使在外表上不再青春了，但依然可以保持一颗青春的心。如果你无法延缓生理年龄的衰老，但至少你可以延缓你心理年龄的衰老。拥有一颗乐观而青春的心，能够让你面对岁月的流逝时多一份从容与随意。

其次，要保持自信。不要只盯着自己的弱点不放，有时候学学阿Q的精神胜利法也不错，即使没有人赞美你，自己赞美一下自己也是好的呀。人家毛姆老先生到了80岁还是一个不折不扣的乐天派，那么我们有什么理由到了30岁、40岁时就开始唉声叹气呢？每天给自己一个微笑，生活也会变得轻松。

第三，要善待自己。30多岁的女人和40多岁的男人大多是上有老、下有小的人。照顾老人、抚养孩子几乎成为了他们生活的全部。但是不要以为自己有家庭有孩子了，这辈子就应该为他们而努力、而奋斗了，人在任何时候都不能迷失自我，人永远只能通过自己来体现价值。因此，不管是男人还是女人，都应该在兼顾家庭和事业的

同时给自己留一点时间和空间。女人们经常抱怨家人不重视自己，但是一个连自己都不重视自己的人怎么能赢得别人的重视呢？不少女人在30岁以后就不太重视打扮了，基本上每天都是素面朝天，衣服也是将就了再将就，自己都不在乎的容颜又怎么能赢得别人的赞美呢。记得有一句广告词说得特别好——“没有丑的女人，只有懒的女人”。少花点时间在电视机前、少花点时间去唠叨、少关心一些别人的家长里短，用这些时间来好好装扮自己，相信30岁的女人也会放光。40多岁的男人也许习惯了一杯茶、一张报纸就可以在沙发上窝一晚上的生活了，比起女人来男人或许更不在乎自己。即使身体已经

大不如年轻的时候了，但是许多男人还是酒照喝、烟照抽。久坐、高压和缺乏运动也许是导致许多40岁男人发福的原因。因此，40岁的男人应该在反思自己事业的同

时好好反思一下自己的生活态度和生活习惯，烟酒能少的就应该尽量少了，与其在家里窝一整天，不如和妻子一起出去散散心，缓解一周来的生活压力，也重温一下以前的二人世界。

第四，注意健康，适当地调剂饮食和增加锻炼。随着年龄的增长，人的惰性也越来越强。大多数男人和女人走了形的身体不仅仅是自然规律的原因，更多的是缺乏锻炼的结果。尤其是现在的生活和工作大多以脑力劳动为主，长期的办公室作业和脑力劳动使得很多身体机能得不到有效的锻炼和发挥，时间长了这些机能就有可能衰退，这时就需要我们有意识地进行锻炼。所以不论是男人还是女人都应该适当地加强锻炼，每周拿出一个固定的时间出来打打球、游游泳、做做健美操、爬爬山，甚至散散步都是好的。另外不同的年龄阶段对饮食的要求也是不同的，适当地调剂饮食也是很有必要的。平时多吃些蔬菜和水果，少吃点油腻的食物，多补补钙等微量元素，未雨绸缪可以降低某些疾病的发生率。

第五，用一颗平常心来看得失。再乐观和自信的人也会有失败的时候，那么这时就需要你有一颗平常心来应对了。生活和事业上的失落或许不能避免，如果将这些事情平常对待的话，挫败感或许就没那么强烈了。美国总统的权力、比尔·盖茨的财富、好莱坞巨星的风采，这些是许多人向往的，但是这些都与你无关。做一个平常人也有平常人的乐趣。

第六，别忽视了和伴侣的婚姻生活。对于30多的女

人和40多岁的男人来讲，婚姻已经不再新鲜了，伴侣也很少再能给自己惊喜了。但这并不表示你就可以忽视和伴侣的婚姻生活，越是平淡的生活越需要你来用心经营，多和伴侣交交心、多花点时间和伴侣谈谈家庭和工作上的问题，有个人和你分担生活的种种滋味总比自己去独自面对要好。

2.“职业女性”与“家庭妇女”——现代女性如何面对双重角色

事业和家庭，是人们不倦的话题。“事业和家庭不能兼顾”这在以前是男人们的感叹，在现代社会中逐渐成为了女人们的烦恼。“职业女性”和“家庭妇女”这两种截然不同的角色和身份，已经矛盾地统一在了大多数现代女性的身上了，从而使得现代女性常常面临着事业和家庭的两难困境。在现代社会中，已婚的现代女性如何处理好事业和家庭，如何面对“职业女性”和“家庭妇女”的双重角色，已经成为了一个不可忽视的问题。

在传统社会中，社会和家庭赋予女性的角色模式是“贤妻良母”式的，因此传统社会中女性的任务就是“相夫教子”。“男主外、女主内”的性别角色模式将女性的活动局限在了家庭范围之内，同时也使得女性的角色模式比较单一。进入现代社会之后，随着男女平等观念的渗透，女性的社会、经济地位不断地提高，女性受教育的程度也在不断地提高，不少女性都受过高等教育。因而，在现代社会中，大部分女性都会进入社会的公共领域，拥有一份工作,有着独立的经济来源,有的女性甚至还成为事业上的强者,创出了一片自己的天地。但是,女性在事业上的发展并没有改变她们在家庭中的角色和地位,尽管在现代社会中大多数女性都和男性一样拥有自己的事业和工作,承担着家庭的经济责任,然而,社会的主流价值观仍然习惯性地将她们与家庭联系在一起,数千年来的传统价值观念使得家庭和社会仍然要求或者暗示女性秉承贤妻良母的角色,作为一个女性,照顾家庭仍然被人们视为是她分内的事情。一个女性如果她在家庭生活中失败的话,那么无论她在事业上是多么的成功,人们都会觉得她不像个"女人"。不仅社会对女性的要求是双重的,就连许多女性自己也希望事业和家庭双收。这样就使得大多数现代社会的职业女性不可避免地要面临"职业女性"和"家庭妇女"的双重角色问题,也就不可避免地要造成角色紧张的问题。所谓的角色紧张,按照社会学家们的解释就是人们在扮演社会角色的过程中,一个人同时担当的几种角色对个人的期待发生了矛盾,难以协调,从而使得角色的扮演者左右为难。对于现代女性而言,她们既要扮演妻子和母亲的角色,又要扮演业务主管、专业人士的角色,多重角色的冲击使得女性深受困扰。现代女性的角色冲突主要有如下几个方面的表现:

①时间上的冲突

对于上班族女性来说,时间永远是不够用的。赶时间上班,赶时间买菜、做饭,赶时间照顾孩子,还得腾出时间来与丈夫联络感情,一分钟恨不得掰作两分钟用,"没

时间”已经不仅仅只是一句口头禅了。现代社会的快节奏使得许多上班族女性从早上一进入办公室开始就像一个上足了发条的机器一样，注定要忙忙碌碌地过一天，根本谈不上休息和照料自己。现代社会激烈的竞争和生存的压力使得谁都不敢对工作有所怠慢。即使到了假日也别想清闲，本想假日好好睡个大懒觉，可是一大堆的衣服等着洗、家里的日常用品等着去采购、孩子等着去上才艺班，于是既是妻子又是母亲的现代女性只好在家里又渡过一个忙忙碌碌的假日。“一支蜡烛两头烧”是许多上班族女性的真实写照。

②职业角色与家庭角色的矛盾

“职业女性”与“家庭妇女”是两种完全不同的角色，事业领域和家庭领域也是两个完全不同的场所，不同的角色、不同的情境对个人性格和特质的要求也是完全不同的。工作单位要求其所属的成员（无论男女）具有敬业、进取和开拓的精神，在做事风格上要求果断干脆，在为人的风格上要求原则性强，要尽可能少地加入情感的成分。而在家庭中则要求女性温柔、贤淑，孩子希望母亲和蔼可亲，丈夫希望妻子善解人意、甚至小鸟依人。这两种要求完全相反的角色必然要带来强烈的反差和冲突，任何人都不可能同时胜任这两种完全矛盾的角色。性格坚强而干练的女性在上司眼里也许是一个得力的员工，可是在丈夫眼中似乎就有点欠温柔了；而一个事事以家庭为重的、温柔可人的妻子却又往往得不到上司的好评。“鱼和熊掌不可兼得”是很多上班族女性的困扰。

③生活重心的失序

事业的成功和家庭的美满幸福对于很多现代职业女性而言有着同等的吸引力，事业上的女强人和生活中的贤妻良母都是值得追求的目标，但是身体只有一个，精力也是有限的，再精明强干的女性也会有事业和家庭撞车的时候。明明安排好了周末全家一起出游，可是老板突如其来的加班搞得人措手不及，拒绝老板是不可能的，可是拒绝家人同样地让人不好受。这种冲突虽然不会造成太大的影响，但是时常出现就足可以让人心烦意乱了，而

且有时候会发现，要下这类的决定所耗费的心力就足以让人身心俱疲了，遑论事情本身。

④身心压力过重

在现代社会中，女性的双重角色使得她们在与男性竞争的时候，实际上并不是处于同一起跑线上，她们不得不背负着家庭的沉重负担，因而她们的压力也更大。而且由于多种主、客观原因的限制，女性在事业上要取得成功往往要比男性付出更多的代价。许多职业女性由于过重的心理压力而导致身心疾病的产生，常常产生头疼、失眠、莫名的疲劳感、情绪不稳定、暴躁易怒等现象。有调查表明，生活、工作条件良好，受过高等教育的城市职业女性，她们的精神状况不及农村妇女的精神状况。职业女性的身心压力过重不仅影响工作，也常常给家庭带来冲突，甚至导致夫妻离异。

因此，现代社会的女性常常感叹："做人难，做女人更难，做一个成功的女人是难上加难。"双重角色的矛盾让现代女性活得并不轻松，面对生活的压力和身心调适的障碍，如何能做一个快乐、充实、忙碌但又不疲惫的现代女性，就不是一件简单的事情了。要想解决角色冲突所带来的困扰，现代女性就必须好好地思考一下自己的生活方式，为了让自己能够健康、快乐的生活，现代女性必须要对自己的生活有一个长远的打算。

首先，学会让自己满意。事业上的女强人和生活中的贤妻良母虽然都很诱人，但是时间和精力决定了你不可能同时使两者都达到完美，那么作为一个现代女性就

应该学会自我满足，只要自己做得“足够好”就行了。所谓“足够好”就是指自己已经尽心尽力了，不论状况如何，记得提醒自己，“我已经足够好了”。凡事都不能太苛求，接受自己并且感到满足是缓解心理压力的最重要的原则。记住这个原则，并且不断地提醒自己，生活的追求是无止境的，只要自己生活得轻松、快乐就可以了，何必要在无止境的追求中痛苦呢？

第二，在一段时间里只让自己扮演一种角色。角色的多重性是许多现代女性的特征，角色冲突虽然存在但也并不是没有缓冲和解决的办法。我们可以学会将我们的时间和精力进行分割、定位。上班的时候就专心工作，不要老想着下班后去买菜做饭接孩子；下班后该放松的时候就应该放松，不妨把工作暂时抛诸脑后，和家人好好享受一下天伦之乐。有效率的生活就必须简明而单纯，而效率是现代社会对人的基本要求。与其在任何时候都千头万绪、杂乱无章，还不如在一段时间内只认认真真地扮演好一种角色。

第三，讲究方法，合理地安排自己的时间和精力。作为现代人，要学会科学、合理地安排时间，做到忙而不乱。根据自己的精力和能力，把所有的事情做一个全面的安排，分清轻重缓急，将可以暂缓的事情放到后面去办。保持有规律的生活，做得有张有弛，劳逸结合，尽量避免一次做过多的事情。而且，要善于运用合作精神，要相信自己的丈夫和同事，因为他们是你生活和工作中的好帮手，不必事事非得自己动手不可，有时信任一下别人，发动他

们和你一起做事,说不定会达到事半功倍的效果。

第四,给自己多一点时间。现代女性成天为工作、为家庭忙忙碌碌,很容易在不经意中忽略了自己。所以,我们应该学会对自己好一点,每天忙中偷闲地为自己留出一点时间来修整自己、打扮自己,做一些自己喜欢做的事情;随时注意自己的身体健康,注意自己的饮食和休息。保持一个健康的身体才能应付更多的挑战。

第五,及时宣泄自己的情绪。当感到巨大的心理压力或者工作生活不顺心的时候,要勇于宣泄自己的情绪,及时向亲人、同事、朋友表达自己的愤怒、不满、烦恼和悲伤。压抑并不能解决问题,掩饰也不代表真正的坚强,真正的坚强是源自于满足和快乐。所以,现代女性应该学会对自己的情绪做合理的宣泄,表达自己的真实感受并且获得家人和朋友的理解和支持,只有这样才能甩开心理包袱轻松前进。

3. 家庭暴力——家庭生活的阴影

①何谓家庭暴力?

2002年由梅婷和冯远征主演的23集电视连续剧《不要和陌生人说话》,作为我国首部以家庭暴力为题材的电视剧在全国各地上演后,立即引起了强烈的反响,家庭暴力这个一直存在于家庭生活中的阴影又一次暴露在公众面前,引起了社会各界的广泛讨论和深思。所谓家庭暴力,主要是指发生在家庭成员之间的暴力行为,它既可能发生在夫妻之间,也可能发生在兄弟姐妹之间、父母和子女之间，主要有肉体暴力、精神暴力和性暴力三种类型。家庭暴力的施暴者多为成年男子，受害者多为妇女、老人和儿童。家庭暴力的手段包括辱骂、殴打、精神折磨、性侵犯、断绝食物供应、遗弃以及对家庭成员实行非法监禁等。家庭暴力存在于私人领域，往往具有隐秘性、长期性和反复性等特点，并且难以取证，从而使得受害的家庭成员遭受到身心的双重摧残，让人苦不堪言。虽然家庭暴力的内涵比较广泛，但目前社会和学术界所关注的家庭暴力主要是指发生在夫妻之间的暴力事件，通常是指丈夫对妻子所实施的肉体上和精神上的暴力。

其实，发生在夫妻之间的家庭暴力并不是一个新问题，在中国几千年的男权中心主义的社会中，“打老婆”似乎是一个由来已久并且让人习以为常的现象。“娶来的老婆买来的马，任我骑来任我打”、“下雨天打老婆，闲着也是闲着”，这些民间的谚语反映了在以往的传统社会中，丈夫对妻子实施暴力被社会认为是一种很正常的现象，并且是作为夫权的一种表现。解放后，妇女摆脱了几千年来的封建枷锁，妇女的社会地位有所提高，妇女的各种权利都受到法律的保护，但是这并不表示“打老婆”的现象就从此消失了，而是以一种较为隐蔽的方式存在。

另外，长期以来，家庭暴力无论是从法律上来讲还是从社会的价值观念上来讲，都被划定在家务事的范围之内，人们通常认为家庭暴力是人家夫妻俩的内部事务，外人是很难插手和干预的，所谓“清官难断家务事”嘛。因此，在很长一段时间内家庭暴力都没有被纳入到法律、政

府和社会公众的视野中来，更不用说对此实施有效的干预手段和解决方法了。造成的后果就是：一方面家庭暴力的施暴者没有约束，也得不到应有的惩罚，于是便有恃无恐；另一方面家庭暴力的受害者苦于没有专门的法律、专门的机构来制止家庭暴力，只能默默忍受。直到近年来，随着社会的进步、人们的自我意识和法律意识的提高，家庭暴力才成为一个为社会和公众所关注的问题。

根据全国妇联2002年的一项调查表明，在我国2.7亿个家庭中，约有30%的家庭存在不同程度的家庭暴力，其中施暴者九成是男性。在每年解体的40万个家庭中，有四分之一缘于家庭暴力。在多数人的印象中，遭受家庭暴力的多数是那些没工作、没文化的妇女，实施家庭暴力的男性多为文化程度较低、从事体力劳动的人，但是社会学家的调查研究结果却表明家庭暴力与男性的职业、受教育程度、经济状况无关，无论属于何种政治、经济、文化、种族和宗教背景，妇女都有可能遭受到家庭暴力的袭击。有调查表明，中国的家庭暴力在上世纪90年代比80年代上升了25.4%，而家庭暴力的施暴者也正呈现出“高智商”的趋势，在存在着不同程度的家庭暴力的家庭中，知识分子至少占了四分之一。在电视剧《不要和陌生人说话》中，家庭暴力的实施者安嘉和就是一个外表温文尔雅、受过高等专业教育的外科大夫。

随着学术界、媒体和公众对家庭暴力问题的关注和广泛讨论，家庭暴力也逐步进入到法律和政府的视野中来。目前全世界已有40多个国家和地区制定了反对家庭暴力的专门法律。联合国《消除对妇女的一切歧视公约》已经在包括中国在内的170多个国家和地区获得批准。在我国的宁夏、四川、湖南、江西已通过了“预防和制止家庭暴力”的决议;广东省公、检、法、司联合制定了“关于处理婚姻关系中违法犯罪行为及财产处理的意见”,其中设有关于对家庭暴力的处罚规定。我国新《婚姻法》明确禁止家庭暴力,最高人民法院的司法解释进一步就什么是法律意义上的家庭暴力做了定义。由中国法学会反家庭暴力研究项目的法学专家们草拟的《家庭暴力防治法》建议稿草案,对家庭暴力的定义、社会救助、行政措

施、司法救济、法律责任都做了具体规定。建议稿完成后将可能通过全国人大代表形成提案等途径递交给全国人

大常委会。专家说，未来的反家庭暴力专门法应当是一部社会法，应当比现有的《妇女权益保障法》、《未成年人保护法》、《老年人权益保障法》等社会法更具操作性；应当实体法和程序法并重。在这部法中，应该规定国家和地方设立反家庭暴力的专门机构，规定公安、教育、行政及其他政府部门的反家庭暴力职责、程序；规定基层群众自治组织、投诉站、预防和咨询中心、庇护机构、医务人员等的社会救助职责；规定家庭暴力受害人可申请保护，并对施暴者进行矫治处分等；还应明确对家庭暴力受害人有利的举证原则。

②家庭暴力造成的伤害

家庭本应是一个温馨而甜美的世界，但是家庭暴力的存在使得家庭生活蒙上了一层阴影。家庭暴力小到一句辱骂一个耳光，大到殴打和人身伤害，它给家庭所带来的消极影响是多方面的。

首先，它给受害者(大多数为女性)造成了身体上的伤害。经常处于家庭暴力阴影下的女性在肉体上都会留下长期的伤痛，造成后遗症的也不在少数，有的甚至被丈夫虐待到致残、致死。

其次，家庭暴力造成的不仅仅是肉体的伤害，也留下了心灵的创伤。虽然夫妻之间吵架是难免的，但一旦将家庭暴力进入了家庭生活就会使夫妻的关系和感情发生质的变化，因为它已经完全超出了一般夫妻争执的范围，而是施暴者对受害者尊严的践踏、人格的侮辱、生命的危害；家庭暴力的介入会使夫妻间的情分荡然无存，再深厚

的感情基础在家庭暴力面前都会脆弱得不堪一击,夫妻之间再美好的经历都可能在一次家庭暴力中烟消云散。一位因家庭暴力而离异的女性说:“当他一巴掌打得我耳膜穿孔的时候,我就觉得他由我最熟悉的人变成了最陌生的人,那一刻我觉得我们之间毫无夫妻情分可言。虽然他事后跟我道歉,说他不是故意的,让我原谅他,但是那一巴掌已经把我们的婚姻打上了绝路,一想到他曾经那么残忍地对待我,我只能选择离婚。”家庭暴力除了拳脚相加的“热暴力”之外还存在着“冷暴力”,也就是精神暴力。精神暴力主要是指丈夫对妻子态度冷漠、置之不理或对妻子进行言语伤害等精神虐待。冷暴力一般存在于受教育程度较高、经济状况较好并且有着较高的社会地位的家庭中。遭受丈夫冷暴力的妻子苦于没有证据,既不能提出申诉,也无法向别人诉说,这种精神伤害的痛苦丝毫不亚于肉体伤害。因此,不论是“热暴力”还是“冷暴力”都给受害的女性带来了强烈的精神压力,使她们经常处于害怕、压抑、悲伤、愤怒的不良情绪中,有的妇女因长期处于强大的精神压力下而变得郁郁寡欢,甚至人格分裂、精神失常。

第三,家庭暴力不仅破坏了夫妻间的感情,也会给孩子造成不良影响。其实,在家庭暴力中往往受伤害最深的是孩子,家庭暴力给未成年人造成的后果更为严重。在孩子的成长过程中,家庭环境是一个很重要的因素,它直接决定了孩子今后的人格发展、价值观的形成以及他们的行为模式。在暴力家庭长大的孩子,因为从小的耳

濡目染，他们长大后的暴力倾向要比其他在非暴力家庭长大的孩子高得多，犯罪的倾向性也更强。而且家庭暴力会对他们人格的形成产生消极的影响，不少孩子会因为长期处于家庭暴力的阴影中而人格不健全。有调查表明，在暴力家庭中，54.6%的孩子成绩下降，20.8%的孩子不爱回家，12.8%的孩子性格扭曲出现违法犯罪行为。

第四，家庭暴力引发家庭悲剧。家庭暴力使得不少夫妻成了陌路人，家庭暴力已经成为导致夫妻离异的三大主要因素之一。而且家庭暴力在一定程度上也成为了犯罪的源泉。有的妻子因为不能忍受丈夫的长期虐待而自杀，还有的妻子因为最终忍无可忍而对丈夫实施疯狂的报复。一位中年妇女12年来几乎天天被丈夫殴打，其夫可以说是拿到什么就用什么打，甚至连孩子都不能幸免。被打得遍体鳞伤的她实在忍无可忍，终于在有一天趁丈夫不备的时候用鼠药毒死了丈夫。有位39岁的妇女自25岁结婚后，经常因为家庭琐事被丈夫殴打和虐待。虽然她对丈夫恨得咬牙切齿，但又觉得离婚太没面子，一天她在遭受丈夫暴打后竟然把仇恨发泄到5岁儿子身上，亲手掐死了孩子……

所以，面对家庭暴力所带来的种种危害，“家庭暴力何时休”已经成为了一个不容忽视的问题。

③对家庭暴力说不

造成家庭暴力的原因是多方面的：既有传统社会遗留下来的男尊女卑、性别不平等的价值观念的影响，也有个体的性格特征、人格、心理状态等因素；既取决于夫妻双方的感情基础，也包括社会环境、外来因素的影响以及夫妻双方各方面的差异所引发的矛盾。但是，在诸多因素中，受害者对暴力的容忍和沉默是造成家庭暴力肆虐的主要原因。长期以来，家庭暴力被人们视为家务事，受害的女性常常怕“家丑外扬”而不愿声张；有些女性认为即使说出去也没有用，以后还得在一块过日子，所以能忍则忍。大多数遭受家庭暴力的女性因为种种原因都不愿提出离婚，也不愿意向外界求助，而是继续默默无闻地留在充满暴力的家庭中。有调查表明，被动接受和麻木不仁是受虐妻子的典型特征。遭受家庭暴力的女性一般要经过三个阶段：刚开始遭受家庭暴力时，她们会感到吃惊，并且竭力躲闪；然后感到恐惧，竭力讨好丈夫；最后感到抑郁，躲到一边自责。一旦挨打成为习惯，其后果就是成为家庭暴力的牺牲品。要知道，一次的纵容必然会导致暴力的变本加厉。如果说男人在第一次实施家庭暴力的时候还会有所顾忌、还会害怕的话，那么当他第一次获得“成功”并且一次次得逞之后，他就会变得肆无忌惮，甚至施暴成瘾。受害者的纵容是施暴者继续施暴的根本原因。曾经听过这样一个笑话：一个外表柔弱的姑娘和她的丈夫结婚后不久，因为一次口角丈夫企图向她实施暴力，殊不知姑娘的爷爷是一位“武术高手”，解放前给人当过贴身保镖，姑娘从小跟爷爷学习武艺。所以，当她的丈夫企图对她实施暴力时才发现她原来是一个“武林高手”，施暴不成反而被妻子制服在地，从此以后丈夫再也不敢提“打老婆”的事情了。虽然人们将此事当作一个笑

话在流传，但是它却在幽默中给了我们一个深刻的启示：及时地对家庭暴力说不。

当家庭暴力侵入你的生活中时，任何的理由和顾忌都只会姑息纵容，及时地对家庭暴力说不、将暴力的企图扼杀在萌芽的阶段、懂得用合法的手段保护自己才是明智之举。夫妻间宽容和容忍的原则在家庭暴力面前是不适用的，如果弱势的一方凭借自身的能力不能有效地制止暴力的话，那么她就应该及时地向外界求援，求援的对象既可以是亲朋好友、工作单位的领导，也可以是当地的妇联、公安机关，利用社会的压力对施暴者形成抑止和威慑的作用，防止家庭暴力的再次发生。如果外界力量的介入仍不能有效地制止家庭暴力的话，那么受害者就应该考虑结束这段婚姻了。因为家庭暴力已经破坏了婚姻的本质，一个变了质的婚姻是不值得人们留恋的。与其带着一身的伤害继续固守一段破碎的婚姻，不如尽早地脱离恶梦去寻找下一段幸福。

④婚内强奸

婚内强奸作为性暴力的一种也是一个存在于婚姻中的隐患。所谓婚内强奸是指丈夫违背妻子的意愿、在妻子不情愿的情况下强行与其发生性关系。虽然婚姻内强制性的性关系是一个一直存在的现象，但是在我国也只是近年来才引入婚内强奸这个概念，并且婚内强奸是一个极为敏感的话题，社会上对此的讨论和争议也很多。有人认为夫妻既然缔结了婚姻，那么丈夫就应该拥有对妻子的性权利，性行为是夫妻生活的关键，所以根本就不存在强奸的问题，如果说丈夫和妻子发生性关系都算强奸的话，那世界上岂不到处都是强奸犯，天下岂不是乱了套？正是基于这样一种想法，也正是由于有着婚姻的掩护，长期以来人们都对婚内强奸采取一种视而不见的态度。由于我国的法律对婚内强奸尚无明确的规定，所以即使在法律上婚内强奸也是一个让人举棋不定的问题。据一项权威调查资料显示，在被调查的4049名城市女性中，有113人承认有被丈夫强迫过性生活的事；而在农村1079名妇女中，有86人承认被实施过“夫妻内的强暴行为”。专家们认为，囿于调查中的各种因素，婚内强奸的绝对比例，要比上述数字大得多。

男女之间缔结婚姻关系，只是表明他们相互承诺负有配偶在法律上的义务，并不意味着他们在情感和性关系上承担了任何义务。男女双方结为夫妻，也并不意味着丈夫可以任意支配妻子的人格和意志，双方自愿是夫妻进行性生活的前提，这也是已婚妇女人格独立和人身自由的起码要求。另外，关于强奸我国刑法的规定是，强奸罪是指以暴力、胁迫或其他手段，违背妇女的意志，强行与其发生性交的行为。由此可见，是否违背女性的意志才是关键，而是不是具有婚姻关系倒是在其次。对女性而言，任何人在任何情况下的强奸都是对她身体尊严的侵犯，无论是婚内还是婚外，强奸对女性所造成的身心伤害都是一样的。一位女性这样说：“我和我丈夫结婚之后经常吵架，每次吵完之后他都会强迫我和他过性生活，我不同意他就打我，经常把我打得鼻青脸肿的。打完之

后就强奸似的干那种事。我觉得很屈辱，但是又没有办法。”另一位中年妇女说：“我在生完孩子之后就对那事没什么兴趣了，每天除了上班、接送孩子，还有一大堆的家务等着我做，累都累死了，哪儿还有心思想其他事情啊。可是他每次都不依不饶，根本就不考虑我的感受，有时候我身体不舒服，他也要强行和我干那事。弄得我有段时间一到晚上和他在一起的时候就害怕。夫妻做到这个份上也挺叫人寒心的。”

婚姻中的性爱，原本应该是发自内心的情爱，只有在双方都愿意的情况下才能获得美满和温馨。丈夫的强迫性性行为，极大地损害了妻子的身心健康。医学专家认为，丈夫强迫妻子过性生活，是造成女性性冷淡的重要原因，也是女性心理障碍、人性障碍、神经及精神疾患的重要原因。性生活本应是夫妻间最亲密、最温馨的事情，但是丈夫的强迫却让其变成了妻子的恶梦。

造成婚内强奸的原因是多方面的，既有双方生理上的原因，也有情感方面的因素。有的是因为丈夫在性欲方面的要求很强，而妻子由于身体的原因不能满足丈夫的需要；有的是因为夫妻感情破裂，丈夫以此来对妻子进行报复和惩罚；还有的是因为丈夫存在着某种心理或人格的病态。因此，对于婚内强奸应该分类处理，对症下药。如果夫妻感情很好，只是由于双方性欲的反差过大而引起丈夫一时的强迫性性行为，那么夫妻双方不妨就此问题好好地沟通，双方都应该互相理解、互相迁就，并且对夫妻间的性生活进行安排和协调，必要的时候可以求助于医生、心理专家等专业人士。但是如果夫妻感情已经破裂，丈夫纯粹是为了对妻子实施报复和虐待或者丈夫在性行为上存在着病态的话，那么为了避免继续受到伤害，妻子应该尽快地结束这段婚姻来维护自己的身心健康和基本权益。但是，无论从哪个角度来讲，婚内强奸都是一种应该为社会道德和规范所谴责的行为。彼此尊重是婚姻的基本准则，无论与妻子的感情如何，丈夫在任何情况下都不能以任何理由对妻子实施强迫性性行为。只有将暴力和凌辱排除在婚姻的大门之外，才能维护婚姻的神圣性和纯洁性。

4. 我国婚姻家庭的变迁

中国几千年来传统的家庭模式是“男耕女织”、“男主外、女主内”，而今，后工业社会的来临、女权主义的兴起、对个人价值和自由的追求等，对传统的婚姻家庭观念造成了巨大的冲击，婚姻家庭模式也发生了本质性的变化。近年来婚姻家庭的变迁主要体现在以下几个方面：

第一，男女结婚年龄普遍推迟，单身贵族成为时尚

现在社会尤其是在城市，由于人们受教育程度的提高和对事业的追求，无论男女，初婚年龄都普遍推迟，30多岁的未婚青年大有人在，“晚婚”的概念已经不复存在，多数人都认为结婚太早未必是件好事。而且，21世纪婚姻也只是人们生活方式的一种，人们可以选择结婚作为自己的生活方式，也可以选择独身作为自己的生活方式，所以，单身贵族的人数迅速增加，在中国这个95%以上的

人都要结婚的社会中，独身正在逐渐地被人们所理解和接受。

第二，对婚姻质量的重视

在传统的婚姻模式中，讲究的是“父母之命、媒妁之言”，当事人很难自己决定自己的终身幸福，所以勉强的婚姻不在少数。即使是在建国以后很长一段时间内，人们也认为结婚不过是“凑合在一起过日子”，所以婚姻质量并不高，“凑合”式的婚姻很多，有些夫妻明明没有什么感情，但一想到离婚的诸多弊端也只好将婚姻维持下去。改革开放以后，自由恋爱、自由择偶的人逐渐增多，社会风气也逐渐开放，现代婚姻注重男女之间的情感，所以人们也更加重视婚姻质量了。改革开放之后，我国离婚率的增高恰恰说明了我国的婚姻质量不是降低了，而是提高了。

第三，对性生活的重视

性一度在中国是被视为“洪水猛兽”的，人们“谈性色变”，在传统社会中占统治地位的性观念就是性为了“传宗接代”，性只是为了生育而不是为了娱乐，为了生育的性是正当的，而为了娱乐的性则是肮脏的。但是，在今天70%以上的人(尤其是城市高学历、高收入者)认为性生活的质量应该被注重，性生活是夫妻生活中不可缺少的一部分。性在人们的观念中不再是肮脏猥琐的，而是高尚健康的，性生活是否和谐关系到婚姻生活是否美满，也关系到夫妻的身心健康。

第四，试婚、同居者增多

试婚、同居和婚姻的差别就在于它们没有得到国家法定部门的认可,因而得不到法律的承认与保障。虽然现代社会对婚姻的约束少了,人们对婚姻的态度也比较宽容,但是这丝毫没有影响到婚姻的神圣性和人们对婚姻的谨慎态度。大多数试婚者和同居者都是受过高等教育的,他们对爱情和婚姻都有着很高的期望,所以他们不愿贸然地进入婚姻,也不愿意让婚姻成为爱情的坟墓,为了避免日后的悲剧,他们便在结婚之前做一个婚姻试验,两人经过一段时期的共同生活之后,如果合得来便进入婚姻,如果合不来则分手。所以,有人认为试婚是一个有效的了解对方、避免离婚悲剧的方法。

第五,丁克家庭增多

所谓“丁克”是英文 Double Incoming No Kids 即 DINK 的音译,丁克夫妻是指那些拥有双份收入但不愿生育孩子的合法夫妻,丁克家庭也就是我们通常所说的“无孩家庭”。既然独身是人们的一种生活方式,那么已婚夫妻不要孩子也是一种生活方式。有资料显示,近年来中国的 DINK 夫妇有增多的趋势,而且大部分的 DINK 夫妇都是受过高等教育、有着高收入的城市夫妇。在现代社会中,人们受教育的程度越高,受传统思想的影响就越小,“结婚就是为了传宗接代”的观念已经在很多家庭中淡出了,越来越多的人认为婚姻是男女双方基于感情的自然组合,夫妻在一起是因为他们相爱,而不是为了生孩子。而且,在现代社会中,人们的生存压力越来越大,要想获得成功就需要付出双倍的努力,许多女性也和男性一样有

着自己的事业和追求，孩子的介入必然要占据夫妻俩很多的时间和精力，将孩子养大成人也不是一件容易的事情。因此，许多钟情于二人世界的夫妻就选择了“丁克”。虽然有时也难免会受到外界的压力，但毕竟生不生孩子是夫妻两个人的事情。

第六，“男主外、女主内”的家庭模式被颠覆

女性地位的提高和女权主义的兴起，使得女性在家庭中的地位也逐渐地由附庸走向了平等。目前，大多数女性都有着独立的经济来源，也平等地承担着家庭的经济责任，家务不再被视为是女人分内的事情，男人开始更多地参与到家务的操持和孩子的抚养中来，家务劳动的价值正在逐渐地受到肯定。“男主外、女主内”的家庭模式已经不再占据统治地位，在家庭中男女平等已经是共

识,而“男主内、女主外”的家庭模式也逐渐被人们所接受,妻子的收入高过丈夫已不是什么新鲜事了,新女性往往在事业上比男人更有冲劲。于是,在妻子成功光环背后的住家男人也成为了新好男人中的一种。

第七,婚外恋增多,但对婚姻的破坏力却降低

曾经有一句流行歌曲的歌词是这样的:“不是我不明白,这世界变化快。”在快节奏的现代社会,人们的变数更大了,面临的诱惑也就更多了,婚外恋已经成为了一个越来越普遍的东西。但是,婚外恋并没有对婚姻造成致命的威胁,对大多数人而言,婚外恋只是一种短期行为。外遇并不代表对婚姻的不满,而是成为一种寻求刺激和激情、补充婚姻的手段。在现代这样一个什么都讲究简捷、时效、创新、变换的社会中,感情的天长地久似乎已经成为了一种苛求。外界的刺激使得原本就不安分的人性更加难安于婚姻,而外遇恰好满足了人们猎奇的心理和一时的新鲜、刺激。虽然外遇无论是从道德上来讲还是从情感上来讲都是不可原谅的,但是近年来人们对外遇的容忍度越来越高。正如我们前面所提到的那样,曾有调查表明70%的人不会因外遇而离婚。因此,在外遇面前,人们似乎更加坚强和理智了。

由此可见,在现代社会中,婚姻家庭模式已经趋向于多元化的方向发展,人们的婚恋观、家庭观也是多元的,爱情没有固定的尺度来衡量,幸福婚姻的模式也不是一成不变的。在宽松、自由的社会环境中,在多元的价值体系下,人们完全可以用自己的方式来演绎属于自己的幸福。

第四章　父母与子女的沟通

一个家庭生养了自己的孩子，还要教育自己的孩子，把他打造成一个“合格品”。

自人类有史以来，最重要的对儿童进行教育的场所就是家庭了，这种重要性在于家庭是一个人在一生关键的头几年中几乎全部的活动场所，人的各方面的成长——社会化的过程，无疑先从家庭展开。虽然现代社会中，社会性的教育机构如学校、幼儿园等承担了大量的对儿童进行教育的任务，家庭教育越来越成为学校教育的补充；但儿童仍然生活在家庭之中，父母仍然是和孩子最密切的接触者和最具说服力的教育者，那么父母与子女的感情沟通，对子女的言传身教，仍然是教育儿童的最重要力量。

没有哪个家庭愿意自己的孩子输在起跑线上，没有哪个为人父母者不对自己的孩子望子成龙，因此现在的家庭普遍重视孩子的教育问题。我国由于实行严格的计划生育政策，每个家庭子女的数量很少，很多父母更是把全部对于未来的希望都放在孩子身上，甚至出现了对孩子的“过度”期待和“过度”教育的现象；家庭是一个充满感情色彩的地方，在教育孩子的问题上有时不免缺少理智的成分；由于社会的发展，人们生活水平的提高，现在的青少年普遍性早熟,如何对他们进行青春期的性教育,是摆在每一个父母面前的棘手问题。困惑和希望,可以说是我们在教育子女时的普遍心态。

1. 父母对子女的早期教育

在北京市海淀区某著名的小学校门口,一到周末便会出现这样的一幕:只见许多的小学生在父母家人的陪同下,从四面八方涌来,参加各种各样的补习班——华罗庚数学,奥林匹克数学,剑桥英语,中小学生作文,书法、绘画、钢琴、电子琴、跆拳道,等等,做家长的任劳任怨,烈日下晒着,寒风中吹着,脸上写满了疲惫和期盼。

一个七岁的小男孩说,他最不喜欢过的就是星期天,没完没了地上课,太累了;家长也觉得孩子太累了,可大家都给孩子拼命加码,总不能让孩子一开始就输在起跑线上;他们将来还要面临更加残酷的竞争,我们要培养他们的竞争能力。

都说现在的孩子是小皇帝,可他们连休息的权利都被剥夺了。如果在美国,家长不让孩子休息是违法的;再看一看我们的孩子,他们被学习的压力驱使着,无奈地奔波于学校和家之间,失去了童年的乐趣。我们不由得感慨:孩子们真不容易。

家长们就容易吗?答案同样是否定的。这就引申出一个话题:如何对孩子进行教育,尤其是早期的教育。教育是一项关系到社会和家庭的共同事业,我们现在从父母如何教育子女的角度来简单谈一谈。

①父母的作用

俗话说,三岁看老。对于这句话,可以有两种理解,一是人的个性在很早的时候就可以显露出来;二是个人的禀赋和才能在很大程度上与其在婴幼儿期所受到的教育和熏陶密切相关。从人格的形成和发展上看,这个时期的教育是一块基石,奠定着一个人以后一生的发展。从社会学的角度来看,这是人最早适应社会生活的早期社会化的过程。

从智力发展的过程来看,心理学的研究发现,人的智

力发展同年龄的成长有着一定的对应关系:0~2岁发展20%,4岁达到50%,8岁达到80%,12岁达92%,17岁达到几乎100%。由此规律也可看出,对儿童的早期教育是一个人成长中的一个关键环节。

在儿童成长的过程中，他（她）上的第一所“学校”，就是他（她）的家庭；遇到的第一任“老师”，便是他（她）的父母。但在家庭这所特殊的学校里，儿童所接受的教育和教化大量是无意识和无计划的，父母不会像学校老师那样制定一个教学计划，规定孩子到什么时候达到什么样的水平，父母几乎也没有意识到他们的行为是正在为社会培养一个符合社会要求的社会成员；但是父母确实在自己日常生活中，通过自己的一言一行，一举一动，来对儿童产生着潜移默化的影响。也就是说，父母的处世态度，社交技能，聪明智慧，情感风格及人格力量，都会融化在与孩子的日常交往当中，无声地熏陶着他们，给儿童洁白的心灵世界涂上某种基调和色彩。

心理学家们通过调查发现，父母的管教风格大致可以分成三种类型：

独裁型：独裁型的父母对子女管教非常严厉，他们因袭中国传统的家长绝对权威观念，惯于控制孩子的行为，把既定的规则作为孩子行为的绝对标准，迫使孩子绝对服从，如果孩子的行为不符合父母的标准或既定的规则，他们会动辄施以惩罚措施，在要求孩子做某种事情时，很少征求孩子的意见，也不愿对孩子做更多的解释。

一般说来，这种管教风格下教养出来的孩子会比较谨慎，不太善于表达自己的情感，容易胆怯，但有时具有攻击性，情绪不太稳定；与父母的感情可能会比较疏远，他们在家庭里往往不快乐；有的孩子长大后有可能从外边寻找感情寄托，也有可能由于得不到感情上的关怀而

在性格上趋于冷漠，缺乏热情和欢乐；在学业上的表现也会缺乏探索的热情和好奇心。

放任型：放任型的父母和独裁型的父母不同，他们很少对孩子有所限制，疏于引导和教育，认为让孩子自由发展是最理想的教养方式。

这种管教风格下成长的孩子似乎成熟较晚，他们自我控制能力较低，一旦遇到约束就会表现出任性行为；稍稍长大后，常常表现为缺乏遵守纪律和规范的意识，不太懂得尊重别人的意愿，惟我独尊，不服从管理，和别人的合作也比较困难。

权威型：权威型父母倾向于合理地引导孩子的认知和行为，对孩子的表现比较关注，能够正确、及时而且是恰当地对孩子进行表扬和惩罚。在必要时，父母会对孩子的行为施以坚定的限制，但会讲明理由，并鼓励孩子说出自己的想法和意见以达到沟通和交流。这样的父母与孩子之间的感情联系比较紧密，彼此容易理解；他们既关心孩子的想法和反应，又会表明自己的要求和命令的合理性。

这种管教风格下的孩子，父母与子女的关系比较融洽，孩子能够自由表达自己的愿望和意见，同时也能得到父母适当和适时的指点，心理上很少有不良的情绪。这样的孩子将会成长为乐观、自信、自立、勇于探索、善于合作、人格比较完善的人。

可以看出，理想的教养风格应该是权威型的。不过，不管是哪种风格，都是通过父母日常的行为影响到孩子身上的。比如，父母对儿童的生活照料是有条不紊还是杂乱无章，会影响到儿童生活、生理节奏的建立；父母对儿童是简单粗暴、言语粗俗的，儿童就可能是话不得体；父母对儿童循循善诱，儿童就会彬彬有礼、耐心坚韧；父母做事坚持原则，严谨诚实，儿童也会形成塌实、有板有眼的作风；父母做事坚持到底，不轻言放弃，儿童也会勇于克服困难。

所以，父母们千万不能忽视自身的言行对孩子的影响。孩子天天生活在你们的身边，你们的言行对孩子带着一种"暗示"的效果，所谓"近朱者赤，近墨者黑"；父母自身的修养，对孩子的态度，是教育孩子的大背景。这个大背景颜色亮丽，孩子就会像阳光下的小苗一样茁壮成长。

②父母意见不一致时怎么办？

在家庭教育中，由于家庭成员的生活经验、思想文化素养、教育理念等方面都存在不同，对孩子的教育会经常不一致。这也是困扰很多人的家庭矛盾。教育学家的看法是，有矛盾是难免的，关键是不要将家长的矛盾暴露在子女面前，那样会让子女无所适从，不知听谁的教导，最后是谁的教导都不听。战国时期的思想家韩非子说，"一家二贵，事乃无功；夫妻持政，子无适从。"在出现矛盾时最好的方法是一方先忍让，事后再统一，千万不能在儿女面前争吵。我国有"当面教子，背后教妻"的古训，这种说法虽不免有大男子主义的嫌疑，但也说明了在夫妻双方就教育子女出现矛盾时所应该采取的策略。

在现代的家庭教育中，如果一个家长过于严厉、苛刻，一个家长过于温和、宽容；一个严格要求，一个又过分迁就、姑息，就会出现这样的情形：孩子当着严厉的家长的面，就像老鼠见到猫，唯唯诺诺，战战兢兢，有话不敢说，有事不敢做；而当着温和的家长的面，则像换了一个人，对家长的管教置之不理。这样的家庭出来的孩子，会有一些不良的习惯，见风使舵，看人脸色，欺软怕硬。

针对教育孩子的态度不一致的问题，国外也有人提出一种全新的理念。他们认为父子与母子之间的关系具有相对的独立性，虽然三者生活在一个家庭中，但并非要按照同样的模式处理关系。当夫妻双方意见不统一时，可以发表自己的意见，或进行讨论，但绝不能插入其中进行干涉。要么一致，要么沉默。重要的是不能当面阻止和干涉或提出反对意见。对孩子的教育，父母都有责任和权利，但这不代表一方可以干涉另一方的决定。尽管父母可能都认为自己的方式是正确的，但究竟谁更正确，却是一个难于回答的问题；即使双方在基本观念上认识一致，遇到一些具体的情况时也难免会产生分歧。这时谁更有权威？

一般来讲，现代家庭中没有绝对的权威，父母可用自己认为正确的方式来处理和孩子的关系。在大部分的情况下，如果夫妻双方能够尊重对方的观点，不加干涉，两种方式可以和谐相处，而孩子可以从每一种关系中获取对自己成长最大的益处。教育孩子没有必要是一致的，也不可能是一致的；因为孩子将来所面对的社会也是由形形色色的人组成的，他学会用不同的态度对待不同的人，本身是有益而无害的。

总之，父母在教育孩子的问题上不一致是一件憾事，但问题的关键是不要让孩子在父母的矛盾中由于一方的庇护而逃避自己的责任、认识不到自己的错误，那样父母的矛盾就成为孩子的利用对象了；而夫妻双方在意见不一致时所应该做的，不是要争谁在家中应该更有权威，谁应该说了算，而是充分尊重对方的意见，起码不应该在孩子面前争吵。

③对孩子要因材施教，谨防过度教育

在对孩子进行教育时，我们应该注意儿童的个性特征是千差万别的，只有承认这些差别，对孩子才能做到因材施教。个性差异涉及以下几个方面：

——气质类型的差异。如果我们有机会观察一下新生的婴儿，就会发现，这些新生儿天生就存在着差别。比如在肚子饿了的时候，有的孩子会迫不及待地大哭，好像提醒大人赶快给他喂奶；而有的婴儿可能只发出吭吭唧唧的声音，显得不是那么急躁；有的大哭起来没完没了，有的只哭一阵。孩子稍大些，还会发现，有的好动好闹，见生人不陌生；有的则平稳拘谨，害怕生人。这些从婴儿早期就表现出的个人特点，就是我们所说的气质。

气质涉及人的先天特性，就是我们平常所说的脾气、性情，是人情感发生的外部表现和活动的灵活性等方面的综合特征，是一个人在活动中稳定的情绪反映和行为模式，表现为行动的快慢，情绪的强弱等，在个人的身上

具有一定的稳定性，不易发生改变。气质类型的差异很早就在儿童身上表现出来。比如有的孩子情感强烈激动，常常大哭大闹；有的则情感淡漠，遇事反应不大强烈；有的孩子易动感情，一触即发；有的则是感情迟缓；有的孩子动作敏捷伶俐，有的则迂缓迟钝；有的孩子喜怒都会形于色，有的则内敛深沉。

气质类型一般分为四种：胆汁质、多血质、抑郁质、粘液质。就气质类型来讲，哪种气质类型本身并无好坏之分，各种气质类型的人都存在着有利于某些积极或消极的品质发展的可能性，这是应当引起家长们注意的。比如明显胆汁质的孩子，爽朗、勇敢、有进取心，但也容易粗暴、粗心；多血质的孩子，活泼、机敏、有同情心、爱交际，但容易轻浮、不塌实，情感不深挚；粘液质的孩子稳重、坚毅、实干，但也容易冷漠、孤傲、固执；抑郁质的孩子细心、守纪律，富有想像力，但容易多疑、怯懦、孤僻和缺乏自信心。拿我们熟悉的小说中的人物来说，《三国演义》中的猛张飞是典型的胆汁质，《红楼梦》中的薛宝钗是典型的粘液质，林黛玉是典型的抑郁质，史湘云是典型的多血质。总之，气质类型的个体差异是非常大的。因此，对于不同气质的孩子，家长应该有针对性地实施不同的教育和训练，防止产生消极的品质，有目的有意识地向积极品质的方向引导。

——性格差异。随着儿童的长大，他们会出现性格方面的差异，它主要表现在人对待现实的态度和行为方式上。比如人们往往用谦虚、诚实、勇敢、善良、骄傲、虚

伪、凶恶等来表示人的性格特征。性格不同于气质，它是在后天环境和教育的作用下逐步完成的，体现着家庭教育的风格，就是我们所谓的家教和家风。孩子的性格特征，关系到孩子将来具有的道德品质，是家长应该用心去培养的，优秀的品质给予及时的强化，而不良的苗头，更要及时发现纠正，防微杜渐。

——兴趣差异。人与人之间的兴趣差异也是非常明显的。兴趣表现为人主动探求和接近某种事物的心理倾向，带有强烈的感情色彩。广泛的兴趣爱好对于发展孩子的智力和能力都是有好处的，它可以激发求知的欲望，丰富知识，开阔眼界，培养孩子多方面的审美情趣。在强烈兴趣的引导下，孩子还会不懈地追求，克服困难，去探索未知的事物。所以，发现孩子的兴趣所在，就是发现了孩子探索世界的动力系统，应该为他们创造条件让孩子从事自己感兴趣的事情。即使孩子将来不能成为某一领域的专门人才，一个人有着广泛的兴趣和爱好，对他的身心发展也是有好处的，他一生的生活也会是充实、幸福的。

——能力差异。能力是大家熟悉的一种心理现象。随着儿童的成长，我们还会发现他们在能力上的差异：诸如有的儿童有极强的行动灵活性和敏捷性，善于运动，协调性高，而有的儿童可能行动比较笨拙和迟缓；有的儿童唱歌音律准确，有的儿童则五音不全，经常跑调；如此等等，不一而足。

儿童在个性上存在诸多的差异，是一个浅显的道理，

每个人都非常明白;但真正到了实践中的时候,很多父母似乎就忘了这一点,在他们的潜意识中,似乎把自己的孩子看成是一个全能的人,或应该是全能的人,从而往往对孩子提出不切实际的要求。一次,我在一个儿童武术班看孩子们学武术,有的孩子能很快地领会动作要领,有的孩子就笨一些,这时有的家长恨铁不成钢,嫌孩子领会力差,动作做不好,当着众多孩子和家长的面指责孩子太笨,孩子本来知道自己学得不好,有紧张情绪,加上家长的指责,更加慌张,学得更差;家长更生气,对孩子更加地不耐烦。这样恶性循环,适得其反,孩子自尊心受到伤害,甚至对学习产生了厌烦心理。

孩子的气质、性格、能力、兴趣等个性特征的不同,要求家长在对孩子进行培养和教育时,要因势利导,因材施教。然而,在对孩子的教育实践中,家长们往往存在两个误区。

第一个误区是不明白孩子与孩子之间是存在差异的,或是明知有差异但在实践中又忽略这种差异,强人所难,就像我们上边所举的例子。家长们不应该要求每个孩子都是一样的水平,也不能奢求孩子在他不擅长的方面有更高的发展。一个五音不全的孩子注定成不了音乐家;邻居的孩子上学之前就可以读书看报,你的孩子可能连自己的名字都不认识,你决不能拔苗助长,盲目攀比。

第二个误区就是家长在教育孩子时存在太强的功利性,忽略了孩子的兴趣。家长让孩子参加各种兴趣班,本来是应该尊重孩子的意愿,让孩子在学习中得到快乐,但是父母们很难做到不带有功利的目的让儿童去学习，粗暴地强制孩子放弃自己的爱好，强迫孩子学那些自己不太感兴趣的东西。这时候难免急于求成，急功近利，对孩子苛求，反而使儿童失去了学习的兴趣，甚至产生逆反心理，把学习当成负担。

有很多时候，在父母的眼里，孩子常常是自我的一部分，父母把自己未能够实现的愿望放在了孩子身上。有的父母认为自己小的时候没有那么好的条件和环境，自己的愿望或对自己的要求没有实现，现在可以给孩子提供这么好的条件了。也许自己的人生有很多的失意和失败，孩子可不能重复自己的错误，他一定要成功。父母所做的一切都是为了孩子，为了孩子不惜付出很多很多，将孩子看成是自己生命的又一次成长，把自己的希望放在孩子身上，从而自己的希望也随孩子一起成长。家长们忘记了一点，孩子是一个独立的生命个体，他有自己的意志、性情、爱好，有自己成长的环境，一味的按父母的期望去重塑孩子的成长经历，是不太现实和明智的。孩子是他自己而不是你，父母可以对孩子循循善诱，但不可越俎代庖，更不可让孩子背负着家长们的过高希望。孩子的快乐和兴趣才是最重要的。

④期望效应：对孩子的适当鼓励和期望

我们说不要对孩子“过度”期望，并不是指不要对孩子有所期望，而是说，在教育孩子时一方面我们不能拔苗助长，期望太高；另一方面，还要给孩子“适当”的鼓励和期望。心理学的研究发现，一般情况下，家长对子女的期

望水平高，则子女受到的激励就大，对自己成就的愿望也就越强烈，结果会导致他们的学业成绩和思想道德水平的普遍提高。而如果家长对子女没什么期望，任其自由发展，那么子女也不会有上进的愿望。如果过低地估计子女，过早地给孩子的发展前途下结论，断定子女不会有什么出息，那么就会使孩子丧失自信心、上进心。因此，家长的适当期望对孩子的教育是一个重要的因素。

古希腊有这样一个神话故事：传说有个雕塑家，他曾经发誓终身不娶。一次，他雕了一尊塑像，是一位年轻貌美的女子。这尊塑像太完美了，以致使他爱不释手，百看不厌。后来，他竟然爱上它了，真是不可思议。于是，他不停地对塑像诉说着他对它的爱慕、思念和渴望，希望它能成为他的妻子。终于有一天，奇迹发生了，雕像复活了，她真的成为了他的妻子。雕塑家欣喜若狂，给这个美女起名叫皮格马利翁。类似的故事在我国的古典小说《聊斋》上也出现过：青年书生把他倾慕的女子画在纸上，向这个画中人倾诉衷肠，后来画中人从画中走了出来，与书生结为秦晋之好。心理学上称这种现象为期望效应，也叫做皮格马利翁效应。意思是说当你对某个人怀有某种期望的时候，或以期望的方式来对待所期望的对象的时候，这种期望的信息有可能变成期望对象关于自我的概念，以及他的成就的动机和抱负水平，因此，受到期望的人就会朝着这个方向去努力，从而最后可以使期望变成现实。

1968年，美国的心理学家罗伯特·罗森塔尔通过实验也证明，如果教师对某些学生持有积极的看法，那么这些学生的课堂表现就会有显著的进步，学习成绩也会提高。积极的看法会导致积极的效果，同样，消极的看法会导致消极的后果，对某人的期望是一个人的自我实现预言的一部分。这种心理现象提醒我们，在对孩子进行教育时，父母应当经常给予正面的、积极的鼓励和评价，告诉孩子他是最棒的，肯定孩子取得的点滴进步。孩子总是受到鼓励，对于他所从事的事情，他会产生一种成就感和满足感，并成为他的自我评价，从而孩子的行动系统会出现良性循环。

正确发挥家长对孩子期望的作用，当然也是有条件的。在一定的限度内，家长的期望越高，对孩子的激励越大，但这并不是说，家长对孩子的期望应该越高越好。如果期望当中带有盲目性，高到子女根本不可能达到的地步，那么，这种不切实际的愿望，不但对孩子起不到积极的激励作用，反而会使孩子丧失上进的勇气，对家长的目标望而生畏。从家长的角度来看，如果给孩子定的目标过高而孩子达不到，家长就容易产生急躁情绪，采取简单粗暴的方式去管教孩子，这样不仅会使家长失去应有的理智和耐心，还会导致家长和孩子的情感对立，从而使家庭教育失败。

⑤孩子的全面发展：智商(IQ)与情商(EQ)

看到这样一则事例，对我的触动很大。事情是这样的：

有一个独生子，非常聪明，学习相当好，功课拔尖，从

小学到中学都是佼佼者，并提前升入大学，19岁就读完大学本科。大学毕业后，轻而易举地考取了硕士研究生，而且是第一名。

学校看他才华出众，认为很有发展前途，于是决定送他到国外深造。一般青年人要是有这样的机会，那是非常高兴的。可是这个学生却不然，当他听到出国学习的消息后，非常害怕，说，“到国外学习，妈妈不能跟我去，谁照顾我的生活呀？”他为什么有这样的想法呢？就是因为他是独生子，从小到大都是由父母照顾他的生活，什么自理能力都没有。直到上大学后，母亲每周都要到学校两次，一是带给他一些好吃的，二是替他收拾内务，洗衣服，洗袜子什么的。他在学习上是强者，可在生活上是弱者。后来，学校送他到北京语言学院进修外语，做出国前的训练。由于他太担心出国以后无法独立生活，每天晚上都

失眠，夜里常常在睡梦中惊叫，大呼“妈妈”。

到后来，只要一有人当他的面提到“出国”二字，他便浑身抽搐，口吐白沫。经多方治疗，也未奏效，成为一个废人。有人问医生他得的什么病，医生说，他得的是古今中外罕见的出国惧怕症。

上面的故事，虽然是一极端的个案，但其中暴露的问题引人深思，那就是我们该如何全面培养我们的下一代问题。

心理学上有个我们大家都熟悉的概念，叫智商（Intelligence Quotient），用来衡量一个人的智力和技能的发展水平。智商的高低是一个人聪明程度的反映。

提到培养孩子，大部分家长的脑子里立刻反映出的是如何给孩子灌输知识和技能，提高他们的聪明才智。家长们花了很多时间让孩子学习知识和技能，诸如学钢琴、练书法等。但忽略了其他很多重要的方面。一个孩子再聪明，有知识，有技巧，但缺乏责任心、自信心、合作精神、乐观的人生态度，那么他的人格发展也是不健全的。所以，最新的心理学研究认为，在衡量一个人的发展潜力的时候，除了智商（IQ）的因素外，情商（EQ，Emotional Quotient）的高低更加重要。情商是一个人的情绪商数即情感和情绪的发展水平，包括五方面的内容：认识自身的情绪，妥善管理自身的情绪，自我激励，认识他人的情绪，人际关系的管理。说得通俗一点，就是指自信心、自尊心、自我控制情绪的能力、同情心、合作精神、责任心等。

如果以纲与目来比喻智商与情商的关系，那么智商

是目，情商则是纲。在我们的日常生活中，我们常会遇到这样的现象：一些IQ很高的人并不见得一定会成功，而一些EQ很高的人则必定会成功。因为IQ高的人只是在某方面具备一些才能，而EQ高的人往往具备一些综合的素质与才能。

比如自信心的培养。自信心对一个人一生所起的作用，无论是在智力上还是在体力上，或是在处世能力上，都有着基石性的作用。信心就像人的能力催化剂，调动人的潜能。我们的父母们在培养孩子的时候，应该注意孩子的自信心和独立能力的培养，少一些对孩子的过度保护和限制。对孩子的过度保护和限制会带来性格上的胆怯和缺陷，身体上的外伤会很快痊愈，而性格软弱却不是一朝一夕能够改变的。所以，家长们不妨让孩子做一些力所能及的活动，鼓励孩子有一定的冒险精神，积极参加有挑战性的运动，无疑对孩子将来的发展大有益处。

儿童素质及综合能力等都是在家庭中培养起来的。现在的家庭与以往的家庭不同，绝大多数家庭都有比以往更好的生活条件，能使孩子完全脱离为家庭生活操劳分忧的境地，将精力放在自身成长的需要上。大多数的家长对孩子的愿望是“现在生活好了，我们不需要你为家操一点儿心，只要你做好学生，将来有作为，我们再苦再累也心甘情愿”。

父母们认为，现在条件好了，我们要为孩子争取一切可能的机会，为他们提供最好的学习条件，给他们最好的生活待遇，祝愿他们能出类拔萃，不负父母的一番苦心。

有时事与愿违，越是怀着这种心态对孩子，孩子越是辜负他们的期望，这种现象似乎令人费解。但如果我们仔细考虑一下大人的这种心态对孩子的影响，就会懂得所以然了。

在这一切比原来都优越的物质条件中，一些对孩子成长十分必要的因素被遗漏了，一些必须教导孩子遵守的规则被看轻了。生活环境改善了，学校设施更新了，新的教学法，各类课外辅导，父母全力支持，这一切是否促进我们的孩子更发奋读书，更自觉地要求自己呢？情况并非如此，恰恰相反，孩子的学习自觉性差了，对自己的要求降低了，责任心丢到了脑后。这就是因为孩子性格上的被动性。由于对他们的要求只是听话，遵守家长及老师的训导，完成只与他们有关的事情，这样，孩子自身的积极性很难被调动。在家庭当中，孩子从家长那里得到的信息往往是，这个家庭的温饱不用你操心，你只要好好学习，不给我惹麻烦就可以了。孩子在家庭中也感觉不到他的价值，没有发言权，只剩下自我中心的活动，以致丧失了培养孩子基本的生活能力和责任感的机会。

在生活中，常有磕磕碰碰的时候，大人在这个时候应该告诉孩子，这些都是正常的，忍受这些伤痛也是应该的；千万不能在孩子一受伤的时候就一个劲地安慰和爱抚。头上的青紫终归会退去，关键是从中学会面对生活中的不如意，保持乐观、达观的生活态度，在将来遇到生活的磨难的时候，才能有克服困难的信心和勇气。

另外，我们的父母们会经常替孩子们做得太多，使孩

子失去自己动手，满足自己的需求的机会，这对孩子的积极性也是一个极大的损害。这样做的结果往往是我们在告诉孩子他不行。我们自认为是无私的行为，恰恰剥夺了孩子发展自己的能力和权利，因为它忽略了孩子本身成长发展的需要。长大后，面对陌生的世界，他不能做很多事，毫无心理上的准备；即使仪表堂堂，却是个萎萎琐琐，缺乏面对生活的勇气的人。这样的人，很难指望他能做什么像样的事情。

让孩子安安静静地呆着，替他们做好多事，确实比树立他们的勇气和信心要容易得多。我们习惯去帮助孩子，却不去考虑这种帮助是否必要；我们常常低估孩子的能力，放大他们的无能为力；我们一心希望孩子将来成为一个出色的有各种才能的人，却不愿意从一开始他还是个孩子的时候就对他进行培养，而是怀疑他们的能力，限制他们的发展；我们大多重视孩子的智商而忽略了孩子的情商。古语云，“世事洞明皆学问，人情练达即文章”。智力和才能的培养，应该是一个人心智和情感的全面发展。

⑥儿童教育的两个极端：溺爱和暴力

没有父母不爱自己孩子的。但通过什么方式去爱，不同的父母，其爱孩子的方式也就千差万别。孩子与父母之间是一种天然的血缘关系，这使得家长在教育孩子的时候容易感情用事，缺乏应有的理智。这也是家庭教育最容易也最经常发生的偏向，是家庭教育最不容易突破的难点。许多家庭子女教育工作的失败，就是由于家长感情用事。我国著名的教育家蔡元培先生就深刻地指出："父母闲暇了，高兴了，子女就是有不好的事，也纵容他；忙不过来了，不高兴了，子女就是有好事，也瞎骂一阵，乱打几拳。这又是大多数父母的通病了。"也就是说，家庭对孩子的教育，容易走两个极端：溺爱和暴力。

第一个极端：对孩子的溺爱

父母爱自己的孩子天经地义，但爱的方式不同，所起到的作用就不同。战国时期的思想家韩非子曾说，"人之性情莫爱于父母"，但"皆见爱未必治也"，意思是父母爱孩子未必能够教育孩子。有的家长认为，孩子要什么就给什么，什么样的需要都该尽可能地满足，不能让孩子受一点委屈和磨难。对孩子的要求父母不加分析地一概满足，久而久之，就会助长孩子的贪欲，这就是溺爱了。法国的教育家卢梭特别反对家长对孩子百依百顺，他谆谆告诫我们说："你们知道造成你们儿童的不幸的最可靠的方法是什么吗？那就是他要什么便给他什么。"宋代有个叫袁采的人在他写的《袁氏世范》中也表达了同样的意思。他说，"人之有子，多于婴啼之时，爱忘其丑，恣其所求，无故叫号，不知禁止，而以罪保姆；凌铄同辈，不知戒约，而以咎他人；或言其不然，则曰小未可责。日渐月渍，养成其恶，此父母曲爱之过也。"

爱孩子可以通过日常的生活照顾、体贴，来把爱心传递给孩子，也可以通过给孩子提供某些物质条件来表现，还可以通过一个微笑或拥抱，一句赞扬的话，一份关怀等。爱孩子不能等同于溺爱，无论是物质的还是精神的，

都不能以孩子的要求为准。因为，孩子的心智发展还不成熟，尚处于形成之中，他们辨别是非的能力还很弱，因此不能无限制地满足孩子的要求，尤其是物欲方面无限制的满足。社会不是专为某一个人准备的，人的欲望不可能得到无限制的满足。家长自己必须懂得，自己不是上帝，你不可能照顾自己的孩子一辈子，你不可能满足孩子的一切愿望；家长也必须使孩子懂得，他们的要求有些是合理的，可以满足的，有些则是不合理的，是应当加以限制的。不懂得克制自己欲望的人，就像汽车没有煞车一样，只能是胡乱冲撞，最后会碰得头破血流。

事事迁就和满足孩子的结果，最后培养出来的就是一个小暴君，一个自私自利、自我为中心、为社会所不能容忍的怪物，孩子成长的根基就会受到根本性的腐蚀，为他将来的生活埋下隐患。当在家庭里事事如意的孩子走入社会时，他不免要碰到不如意，不免碰到违逆自己意志的事情；在家庭里他可以随心所欲，为所欲为，而社会要他克制自己！社会生活如此复杂，如果他没有学会控制自己的欲望，他能适应吗？如果不能适应，他会在社会中碰得头破血流，严重的还可能发展为反社会的人格。

教育家们历来主张对孩子要严格要求，严格训练，不能事事满足孩子的欲望，还应有意识地创造一些条件来让孩子经受磨练，锻炼意志。自古英雄多磨难，从来纨绔少伟男。孟子的教诲我们深有同感：“故天将降大任于斯人也，必先苦其心智，劳其筋骨，饿其体肤，空乏其身，行弗乱其所为，所以动心忍性，增益其所不能。”

防止溺爱孩子的问题,在现在提出来是很有必要的。自古道,穷人的孩子早当家。当我们大多数人还在为温饱的问题而奔忙的时候,恐怕大多数的家庭谈不上对孩子的溺爱;那么,现在我们的生活水平提高了,我们不再为温饱发愁了,甚至有的家庭已经达到小康了,溺爱孩子的现象可能在不知不觉中就发生了。可以说,溺爱孩子是一种富贵病。而这种富贵病,对孩子有百害而无一利。有意识地让孩子吃点苦头吧,因为任何人是"不可能永远睡在自己家的床上"的。

另一个极端:惩罚与暴力

对待孩子的另一个极端是过分严厉和冷淡,甚至对孩子体罚和使用暴力。对孩子冷淡的父母在我们的现实中并不鲜见,有的家长尤其是父亲由于忙于工作,早出晚归,可能整天没有机会和孩子说话,或者有时间但厌烦孩子的吵闹而对子女不管不问。要知道,孩子与父母之间的感情依恋是将来他(她)与其他人发展亲密情感的基础,如果他与父母缺少这种情感体验,长大后他与别人就会很难相处,很少体验到快乐,缺乏乐观精神,很难对别人施与爱和同情,很难和其他人发展亲密的情感,包括发展和异性之间的情感。

有的父母则信奉"不打不成器"的信条,孩子稍有过错便用暴力进行惩罚。在这里,父母往往不能掌握体罚的分寸。体罚作为一种教育形式,完全避免是不太可能的,尽管我们不提倡体罚。体罚的目的在于提醒孩子,社会对他们的行为是有限制和约束的,他们不能为所欲为。

尤其在一些场合不容多讲道理，需要迅速约束孩子的捣乱行为，这时，对孩子的体罚应当注意不能在孩子身上乱打，不顾首尾，一气之下出手很重，结果使孩子受伤。实在要打的时候最好打屁股，既对孩子没有伤害，又使他接受教训。

问题是孩子总会犯错误(即使大人也难免犯错误)，动辄打骂孩子一方面违反《儿童保护法》，另一方面，这样对孩子的伤害是多方面的。

首先，体罚伤害孩子的身体健康。对孩子实行体罚，常常是在家长非常气愤、恼怒的情况下发生的，家长容易丧失理智，下手太狠，不选择安全部位，不择手段，伤害孩子的身体。

其次，有的家长打孩子并非仅仅为了停止孩子的不听话行为，而是大人的一种发泄。孩子是弱者，大人在别处有出不了的怨气，孩子往往成为替罪羊。这时，家长打孩子就转变成一种示威，会引发孩子的抵触情绪：孩子看不到自己的错处，他之所以挨打并不是由于自己的过错而应当受到惩罚，更不想将来改正自己的错误，而只看到家长在向自己展示权威。

再次，体罚孩子会严重伤害孩子的人格和自尊心，造成心理上的创伤，甚至失去上进心。有一首“挨打歌”很值得细细品味：“首次挨打战兢兢，两次挨打哭不停，十次挨打眉头紧，千次挨打功夫到，酣然微笑入梦中。”

体罚孩子还会使他们学会撒谎。为避免受皮肉之苦，孩子也要想妙策进行自我保护，撒谎，隐瞒事实真相；

孩子还可能产生对抗情绪，家长在孩子心目中的威信会越来越低，与父母的感情越来越疏离，对他人变得充满敌意和冷漠，将来在遇到问题时会倾向于使用暴力。因为他从父母那里学到的解决问题的方法就是动用暴力。

事实已经证明，越是挨打多的孩子，越是不求上进或不守规矩，因为他们视挨打为一种惯例。对孩子的暴力只会培养孩子的反社会人格，导致他和别人的情绪对立。如果孩子要常常挨打才能收敛，做家长的就应该扪心自问了：这样的教育方式是否明智？为什么越打越没用？问题到底出在孩子身上还是出在家长身上？

家长在惩罚孩子时不应该忘掉其目的是为了鼓励孩子成为一个懂事，有责任心的人，不能为惩罚而惩罚，尤其是在实施惩罚时不能将之演变成家长和孩子的权力抗争。大人心里想："我连你这么小的孩子都管不了，成何体统！"于是，帮助孩子的愿望变成让孩子屈服的愿望。可以想像，在这种心境下，做父母的会有多少理智，又会收到怎样的效果。

总之，家庭教育容易感情用事，好走极端。爱孩子，往往爱得过分；要说对孩子严，又严得过头。要克服这种局限性，家长要加强自身的修养，对孩子理智施爱，避免走溺爱和暴力的两个极端。

2. 我家有女(儿)初长成——青春期的性教育

"在生理发育过程中，孩提时代的姑娘会长成体态丰满的婷婷少女；在青春期，身体变化来得是那么

突然，又是那么明显，此时，生理变化伴随着显著的心理变化。少女们思绪恍惚，感情冲动，时而搀杂着被唤醒的宗教意识，时而表现出反对权威、表现自我的强烈愿望，或者与此相反。难道青春期之于日臻发育成熟的少女，犹如乳牙破肉之于儿童，是一段无可回避的精神及感情的苦难时期？难道我们能够认定，如同生理发育变化一样，青春期是每个姑娘生命历程中一段不可避免而且必然意味着冲突和压力的时期？”

（摘自玛格丽特·米德《萨摩亚人的成年——为西方文明所做的原始人类的青年心理研究》）

“哪个少女不善怀春？
哪个少男不善钟情？
这是人性中的至善至纯，
为什么此中会有惨痛飞迸？”

这是德国文学家歌德的名句。近百年以来，不论是西方，还是东方，我们的社会正在为一个新的现象所困惑，那就是青春期的教育问题。这个问题是如此的强烈，以致引起了心理学家、教育学家和社会学家的广泛兴趣和探求。理论家们称这个特殊的时期为“急风暴雨时期”，“心理上的断乳期”，“性的空白期”，“性的待业期”，“性的饥饿期”等，不一而足。这一时期的年轻人往往被描述为理想主义萌生，对权威的反叛与日俱增，自我意识不断增强，因而在心理上也不可避免地遭际着冲突和困难的时期。父母们被警告说，在男孩子和姑娘们身上发生的生理变化将伴随着特定的心理反应，你无法回避。父母们因此困惑不安，似乎我们整个的社会都在寻找着教育青年的良策，而结果却不尽如人意。

①青春期与生命周期

青春期是人的生命周期中一个独特的阶段。人的生命周期乍一看纯属生物学的问题，然而，人的生命从出生、成长到死亡的每一个阶段都与其所在的社会相关联，每一个社会都将自己对生命周期的看法强加于生命过程。于是，人的一生被划分为一连串的阶段，每个阶段都向有关的年龄组提出了特殊的权利和责任。

在简单的农业社会或前工业社会，生命只被划分为两个主要阶段：未成年期和成年期。在这些社会中，从未成年期向成年期的转化通常会经过成年仪式作为标志；在这种仪式中，当事人须经受极大的痛苦或显示出极大的忍耐力（比如有的社会男孩的成年仪式是实施割礼）。不过，仪式一旦完毕后，未成年人就变成了成年人，可以和社会上的其他成年人一样享有同样的权利，履行同样的职责了。也就是说，在这些前工业社会中，人们的身体刚刚发育到能够扮演成年人的经济角色和社会角色的时候，就开始扮演这些角色了。所以，在这些社会中，成年仪式就成为一个独具特殊意义的生命标志而被社会广为采纳。

而现代工业社会在其发展过程中，为生命周期增添了好多新的阶段：婴儿期——童年期——青春期——青

年期——成年期——老年期(退休期)。

对于我们来讲,童年期也好,青春期也好,老年期也好,它们似乎都是我们生命周期中一个固有的组成部分。其实,关于生命周期的概念却是受到社会因素和生理因素的共同影响的。正如我们在上边所说,前工业社会一般不认为婴儿期、童年期和青春期是独立的阶段。但现代工业社会在发展的过程中,人们再也不是从拉得很长

的婴儿期或童年期一下进入成年期,而是经过青春期进入成年期,各个生命阶段的意义再也不是一个成年仪式所能完全涵盖和完全表达的。这也是成年仪式在现代社会式微的原因。

这就是说,青春期是一项社会的发明。事实上,直到20世纪初,才有了青春期这一概念和提法,它是现代工业

社会发展的产物。工业社会的一大特征是分工发达从而导致全面的社会分化，这种分化在年龄上的表现就是生命周期的变化，而每一生命阶段都由于生活方式的不同而产生了每一年龄阶段的独特亚文化。青春期即是一种年龄亚文化的反映。

在前工业社会和早期的工业社会，社会对劳动力的要求不高，年轻人无须培训或经过简单的家庭教育就可进入到劳动领域。就是说，人的社会化的过程比较短，内容也比较简单。因此，多数十几岁的年轻人在社会化的过程基本完成后，就成为成年人，可以从事全日制的工作，结婚生子。

工业社会对于劳动力的要求发生了很大的变化。它要求劳动力不仅能读会写，而且具备一定的操纵现代化大机器的专业技能和商品贸易的技能。这些技能仅仅通过简单的家庭教育是不能完成的，而必须通过系统的、长期的学校教育，社会化的过程被拉得很长，内容也非常复杂。其必然的结果是出现了一大批这样的人：他们的身体和性机能都已发育成熟，但他们却没有资格进入社会承担全日制的工作或承担结婚生育等这些成年人的责任。我们只要留意一下一个简单的事实就能明白这个道理：在100年前或50年前没有多少十五六岁的年轻人留在学校，而现在这样的年轻人很多还没有高中毕业。这样一个重要的变化对生命周期所起到的影响作用是不言而喻的。

在比较发达的工业社会和城市社会，很多高中毕业

生会继续上大学接受更高的教育甚至读研究生，这就进一步推迟了他们承担起成年人的全部责任的时间。如今，生命周期中又多出了一个新的阶段——青年期。这是一个规定得很灵活的阶段，大约从18岁到35岁。处于这一阶段的人包括学生和其他一些年轻人，他们由于这样和那样的原因，没有马上定下心来使自己具备成年人应有的特征——稳定的职业、结婚和生儿育女。

因此我们可以看出，生命周期的变化，是社会赋予人的独特特征；同时也是社会变得越来越复杂，从而对人的要求越来越高的一个证明。

②青春期的特征

关于青春期的确切概念应该是这样的：青春期是指从男女生殖器官发育成熟的时期（通常男子的青春期从十五六岁开始，女子的青春期从十三四岁开始；表现为男子首次遗精，女子月经初潮）到法定的结婚年龄之间的一段生命过程。也有的人认为到18岁算青春期结束。关于何时结束其实并没有一个统一的认识，“18岁”的提法更多的是一种约定俗成。严格说来，我们认为，人达到法定结婚年龄的时间应该是青春期结束的时间。因为到达这个年龄的人可以结婚生子，社会已经赋予他们选择正常性生活的权利了。

关于青春期的生理特征及变化，我们都是比较熟知的。青春期的开始时期又叫做“发身期”，其主要的标志是身体的生长速度在短时间加快了，获得了生殖能力，获得成人的体形，出现第二性征。这是人的身体发育成熟的时期,主要指性的成熟,从而在生理上具备了成年人的特征。

这种生理上的变化是人最自然不过的生理发展了,如果单单是生理上的变化是无需产生冲突和困窘的。美国的人类学家玛格丽特·米德在对撒摩亚青年的研究中就发现,在撒摩亚的社会中,青春期的度过非常自然,很少有人关注此事,也很少有人因此产生强烈的内心冲突。但是在我们的社会中,不论是成年人,还是青年人,他们在面对青春期时普遍感到了困惑:青春期的人应该具有什么样的权利和义务?他们有了成年人的身体却没有成年人的权利,他们积聚的强大的性的能量应该通过怎样相应的渠道去释放?身为父母,我们本身就对这样的矛盾感到困惑,又怎么能对孩子进行正确的引导?我们教育孩子应该遵循什么样的标准才算完美的?

这种困惑昭示我们,在急速变化的社会中,青春期是一个比较新的阶段,它的意义不是很明确,它的行为标准也不确定。我们的社会并未为青春期的人的社会化做好充分的准备,我们存在着相互矛盾的行为准则,使得青春期的人不断遇到相互矛盾的压力和需求。一方面,大众传媒经常宣扬成年人对性欲和物欲的追求和满足以及这种追求和满足所带来的快乐;而另一方面,青少年尽管在身体方面已经发育成熟到可以有这方面享受的地步,但通常不能如愿;青少年一方面要同自身的需要,一种强大的能量进行无望的争斗,另一方面,又要遵循社会赋予他们的行为准则;处在青春期的人比儿童有着更多的自由

和更独立的人格，但他们的自由仍然受到了束缚，他们的自由不如成年人多。因此他们常常有着更多的反叛和逆反，他们会对家长和老师的权威提出挑战和质疑。

在学校，他们是独立的一群，他们开始有自己的自我意识，开始形成自己的人生观、价值观这些不同于成人的价值观和态度；他们与其他人格格不入，形成了自己独特的亚文化。青春期由于处于未成年人和成年人之间的过渡阶段，就成为“情绪不稳，身份不明”（玛格丽特·米德语）的时期。那么，在一个吵吵嚷嚷需要人们选择的社会，在一个对青少年的教育充满矛盾的行为准则的社会，在一个还没有为我们的青春期的孩子准备好行为规范的社会，青春期的紧张就不可避免。正如玛格丽特·米德所说，“这种紧张存在于我们的文明本身，而不是存在于我们的孩子所经历的身体变化之中。”

③青春期的性教育

性是一种自然的生理现象，但是显而易见的是我们的社会对于性欲的满足有着各种各样的规定，因此性的教育成为必然。也就是说，在进行性的教育时，都有一个关于性的观念和性行为的标准为依据。

千百年来，人们对于性的认识充满了神秘色彩。“万恶淫为首”，性是肮脏的，罪恶的，代表一种禁忌，甚至谈性色变；同时性的力量又是强大的，能给人带来隐秘的满足和快乐。但是，性的能量也是一种可怕的力量，如果不加限制地满足，则会带来社会的混乱和不安。

我国的性学专家刘达临指出，“人类的性有自然性

(本能)、社会性两个方面。单纯从自然性来说,人是不用教的;但是,从社会性来说,人在性问题上要有知识、有道德、有情操、有法制观念,这都要靠后天习得,就必须进行教育。中国的性教育内容有二:一是性的人格教育,二是性的知识教育,二者不可偏废,这都是做一个现代化的人所必须的。"一方面是性的自然成熟,另一方面是社会规范对于性行为的制约;一方面是本能的力量,另一方面是社会对本能的压抑。

心理学家弗洛伊德甚至认为,人类越是趋向文明,就越是不幸。这是因为文明生活要求我们抑制许多本能的愿望,本能和社会之间似乎永远存在着不可调和的矛盾。对于成年人来说,他们可以结婚或已经结婚,或者更开明的社会认可成年人之间的自愿性行为,性行为的满足有着正常合理的渠道。但是对于青春期的少年来说,正如我们在上边所指出的,我们的社会还不认为他们已经可以承担起成年人的责任,故此对他们的行为会多加限制。反映在家长对孩子的性教育上,就是家长的态度也往往是暧昧不清。有的父母们认为性是无师自通,不须进行教育的:以前没有人教我,我们不也照样生儿育女;有的父母认为很难把握性教育中的"度":如果告诉孩子性知识吧,有可能教唆孩子,使他们对于性的问题过于关注;不说吧,现代社会信息丰富,报刊杂志电影电视中不仅有大量的涉及"性"的内容,而且对性的宣传未必都是正确的,还有可能对孩子们形成误导。正是由于存在自然性和社会性的矛盾,正是由于青春期社会化的、标准的行为

规范的缺失，我们的社会可以说在对孩子的青春期进行性教育的问题上处在一种模棱两可的“失范”状态——没有明确的标准，家长们疑虑重重，心有恐慌，不知所措。这是现代性教育的困境，也是我们不厌其烦地讨论这个问题的原因。当社会标准明确，人们的行为有章可循时，它就不是问题了，我们也就没有讨论它的必要了。

我们面临的另外一个困境是青少年的性早熟。青少年性早熟是大多数国家的一种发展趋势。根据刘达临1989~1990年的全国2万例性调查来看，中学生首次遗精的平均年龄是14.4岁，月经初潮的平均年龄是13.04岁，都比50年前的少年提早一年半左右。在他们中间，男中学生有64.4%、女中学生有52.6%向往和异性交往；出现过性冲动的比例，男女中学生分别为42.9%和12.1%；已经有异性朋友的比率分别为41.6%和36.1%，进入恋爱的平均年龄为14.2岁。问题就在这里。一方面是性的早熟，另一方面名正言顺地结婚至少要等到20岁以上。如何疏导这个漫长的“性的待业期”或曰“性的饥饿期”，是摆在我们面前的非常严峻的现实。

大多数的社会最简单的办法是压抑人的性能量，但是压抑的后果适得其反：压抑的同时会产生神奇的吸引力，强化对性的好奇和渴求；性行为因为强烈的罪恶感与恐惧感反而产生了强烈的诱惑感和迷人的危险的滋味，性行为由此被赋予了一种具有压倒一切力量的猛烈性质；越是强大的压抑力量，越是更多的人反对性欲，越是对性讳莫如深，环境就变得愈加性欲化。法国思想家福柯认为,在性受到压抑这一前提下,“言性”就成为反抗压抑的行为。性压抑变成了对性的迷恋,形成了一种负面的强化,事物在受到压抑的同时也受到了强调。

我们也许无力也无意指导别人怎样实施对青少年的性教育,但我想说出青少年所面临的真实的困境。我们理解了他们,也就不会仅仅站在道德说教的立场来对待青少年的性教育问题。毕竟孩子们将要加入的社会是我们为他们准备的,那么他们面临的疑虑与困惑也都是我们给的,因此只有我们能够帮助他们。我们希望孩子们快快长大,无所不知,无所不能,但我们惟独不希望他们过早地懂得太多的性知识。面对越来越开放的社会环境,面对我们周围越来越多的关于性的话题,这正好是我们对孩子进行性教育的契机:我们可以告诉他们科学的性知识,对他们的好奇心进行引导;我们可以告诉他们我们社会的价值观去让他们判断;我们可以摆明各种行为的后果去让他们抉择。总之,把性还原给性,它不应该是一个神秘的禁区。当性失去它的神秘诱惑后,青少年猎奇的兴趣才会消失,也就不会对性问题投以特别的关注,反而会去探求另外一些他们认为生命中其他更有意义的事情。

3. 年轻人和长辈人——他们隔着一条沟观望

“7456,TMD!怎么大虾、菜鸟一块儿到我的烘焙机上乱灌水?94酱紫,呆会儿再打铁。886!”

你能看懂这段话吗?反正刘女士是一头雾水。

无意中看到儿子在电脑上敲的这段文字，让她不安，“难道是什么组织的接头暗号?”上高中二年级的儿子品学兼优，是母亲的骄傲。而今天，身为一家出版社的资深编辑，却看不懂儿子的“鸟语”，她感觉“儿子仿佛是月球上的人”。记者做了个微型调查，拿着这段文字向10位家长“讨教”，结果只有一个家长连蒙带猜说了个大概。其实，这种由汉字、字母、数字交杂在一起的句子不是什么“黑话”，在网络尤其是聊天室颇为流行。它的意思是：“气死我了，他妈的！怎么超级网虫和网络新手一块儿到我的个人主页上留言？就是这样子，呆会儿再来贴帖子。拜拜了！”

（摘自互联网）

近几十年来，我们的国家可以说经历了沧桑巨变，我们每一个人都感受到社会进步对我们的惠泽。但与此同时，我们也不那么舒服地评论着现在的年轻人，觉得他们变得越来越不可思议：男孩子留着披肩长发，戴着耳环；女孩子嘴里叼着烟卷；未婚同居的人越来越多；年轻人花着明天的钱买汽车和房子；他们不知道吃苦和节俭，追求物质享受，如此等等。总之，长辈人对年轻人是越来越看不懂了，用一个时髦的词来形容，这就是“代沟”。

“整个世界处于一个前所未有的局面之中，年轻人和老年人——青少年和所有比他们年长的人——隔着一条深沟互相观望着……一条深深的、人工的沟壑是人类亲手所挖，它发明了一种技术把40年代中期以前成长起来的人与此后成长起来的人分开了。这样的沟是不会弥合,不会变窄的。可以想像有一段深如美国大峡谷的深沟,它与大西洋平行,并缓缓地向大西洋运动,人们就站在两边。”

早在上个世纪60年代,美国著名的人类学家玛格丽特·米德博士就敏感地意识到在一个急剧变化的社会中出现的代沟现象。她所描述和解释的虽然是美国社会在20世纪60年代——一个迥异于我们的时代和文化的问题,但是在我们的现阶段和文化背景之中,代沟的问题也同样是一个不容回避的明显的社会事实。在这样的事实面前,过来人们感叹着“人心不古,世风日下”,年轻人则觉得长辈们过于守旧和老套,不能给予他们充分的理解,就像彼此之间有一条深深的沟壑阻碍了他们之间的交流和理解。甚至有的人认为用“代沟”一词不能表达年轻人和长辈人之间的隔阂,而“短路”一词则更加准确。因为有“沟”尚可填平,“短路”则表示根本就没有沟通的可能性。

①代沟的含义

简单地说来,代沟就是两代人之间包括生活方式、行为方式、价值观、世界观等方面的差异;或者说,两代人之间就像存在一条鸿沟,阻碍了老少之间的思想沟通、感情沟通以及生活上的沟通。

毫无疑问,代沟是一种不可避免的客观存在。说到年轻人和老年人之间的差异,许多人都深有同感。长辈人沉稳,经验丰富,用他们的话来说,他们过的桥比年轻

人走的路还多。人生的大风大浪、大起大落他们经历过，人情世故、悲欢离合他们体验过，虽不敢说已经参透人生，却也已近不惑或知天命。再看年轻人，初出茅庐，带着年轻人的生涩和生猛，不知天高地厚；他们又像早晨八九点钟的太阳，蓬勃而富有朝气，可以不顾一切地向前冲。大哲罗素曾说过，“人在十八岁的时候应该是革命家，而到了四十岁的时候就应该是个实干家。”长辈人和年轻人，显然处于不同的生命状态和生活状态，他们之间的差别是显而易见的，也是不容置疑的。换言之，生命历程的不同，造就了两代人之间天然的差别，这首先是一个在时间上和生物学上的必然事件。从这个意义上讲，我们或可用一个比较中性的词“代差”来表示。

在传统社会中，生活环境的变化非常缓慢，“士者恒士，农者恒农”，子承父业，两代人生活在一个差异不大的环境中，子辈的未来几乎是一个可以预见的模式，并因而有着几乎一致的价值观、生活方式和处事哲学。我们中国几百年上千年的封建社会变化不大的历史就是如此。米德博士把这种文化称之为“后象征文化”。她认为，“后象征文化是一种变化迟缓，难以察觉的文化。祖辈的人把刚出生的孙儿抱在怀里，除了他们往日的生活外，他们想不出孙儿们还会有什么别的未来。成年人的过去就是每个新生一代的未来，他们早已为新生一代的生活定下了基调。”像一个故事中所说的：一个人走到了大山里，遇到一个放羊娃，这个人就问放羊娃，你放羊是为了什么呀？放羊娃回答道：我放羊是为了娶婆姨（陕西方言，意为妻子)。这个人又问,娶婆姨是为了什么呀?放羊娃说,是为了生个娃。这个人又接着问,生了娃是为了什么呀?放羊娃说为了让他放羊。可以想像,放羊娃的生活就是遵照“放羊、娶妻、生娃,再放羊、娶妻、生娃”这样的逻辑循环往复。

这个故事虽近似笑话,但也不难从中看出,在这样一种社会中,人们无法想像变化,似乎一切早已预设,长辈们现有的生活就是他们的儿孙将来的生活,所有问题的答案都是现成的,不用指望什么改变,社会是静态的。这种情形下,长辈们当然就具备了权威,因为他们过的“桥”确实你没走过,并且你注定将来要走同样的桥。这样,父辈们大可按照他们的权威,以过来人的身份去塑造下一代了。在“后象征文化”的社会中,两代人之间虽然存在差异但不至于到形成一条沟壑的地步。

而在“前象征文化”里,这种情形发生了根本的转变。米德博士认为“前象征文化”是与“后象征文化”相反的一种文化。在这种文化中,“老年人都不懂得孩子们了解的东西,……过去,就一个文化系统内的经验而言,总是有一些老年人比所有的孩子都懂得多。现在这样的老年人没有了。……老年人不知道近二十年成长起来的那些人是怎样看待这个养育他们的世界的”;“现在的老年人也不得不把自己的过去视为不能下传的经历,并且要求孩子们不要问起他们的过去,因为孩子理解不了。……在这两个极为不同而又密切联系的群体间的破裂点上,两个群体必然是十分孤独的;当我们面对面时,双方都知道

他们决不会经历我们所体验过的一切，我们也决不会体验他们所体验过的一切。”长辈人不再能够把他们的经验传授给下一代了，下一代的生活他们也无法预期了。两代人之间发生断裂了，代沟也就不可避免地产生了。

②代沟产生的社会原因

毫无疑问，社会的急剧变化是代沟产生的直接动力。正如已经指出的那样，在一个上百年上千年没什么变化的社会里，下一代复制着上一代的生活，是很少出现代际矛盾和代际断裂的。而在一个变动不居的社会中，代沟就成为不可避免。“不是我不明白，这世界变化快。”现代社会是一个变化非常迅速的社会，新事物层出不穷，令人目不暇接。曾有人做过一个推算，说现代社会每3年的变化，相当于20世纪初每30年的变化，相当于牛顿时代每300年的变化，相当于石器时代3000年的变化。此种推算是否准确姑且不论，它所表明的事实却是不可忽略的——我们的时代确实是一路高歌，突飞猛进，势不可挡。

当子女们长大成人时，他们的时代与父母们相应的时代相比已不可同日而语：电话、电视、电脑随时随地将人们联系在一起，技术革命不可避免地改变着人们的交往方式，并由此带来观念的革新；物质的富足使年轻人不再认为节俭是一种美德；年轻人更看重自我的价值和享受而忽略责任和义务；全世界变成了一体，地球变成了地球村，不同国家和民族的人们互相影响着，从而人们有了更多选择和判断、思考的空间。

作为社会传统的价值和文化的载体的老年人，不知不觉中发现他们对年轻人的影响力越来越小，反而有可能年轻人讨厌老年人的指手画脚；老年人不想放弃对年轻人的控制，但发现用他们过时的老观念管教新一代的做法已然行不通。这就是迅速变化的社会所产生的代际之间的断裂。在这个断裂的点上，老年人和年轻人都意识到，他们彼此都遇到了新问题，他们无现成的答案可循，他们如何沟通已成为问题了。

现代社会发展还有一个重要的结果就是人类寿命的延长。医疗技术和生活水平的不断提高，带来了人类预期寿命的大幅度提高。解放前我国人口的平均寿命只有40岁左右，当成年人正要面对叛逆的年轻人时，他们也该寿终正寝了，矛盾自然得到了化解。而现代人的预期寿命已经达到70岁左右，因而造就了越来越多的老年人口

和越来越老龄化的社会。老年人承载着传统，年轻人则代表着生机勃勃的未来。老龄化的社会强化了两代人的差异，使社会成员不得不去认真思考代沟的问题。

③代沟产生的心理原因

任何观念一旦形成，就会成为一种心理沉淀物，内化在个体的行为之中，而人的观念的变化往往滞后于一个社会中其他物质层面的变化。每一个人或每一代人，别管他自以为多么开明和开化，都会从自身特定的人生经历和社会环境中生出强烈的“自我价值优越感”来，这是一种“自我价值中心主义”，是个体行为或社会行为的自我价值支持系统。在这个价值中心的基础上，成年人会推而广之地假设下一代人对某一问题的看法应该以成年人为标准，和成年人取得一致。所以当下一代的观念与行为和老一辈的相比发生偏差时，老一辈人会痛心疾首，仿佛这个世界在年轻人的手中定会变得越来越糟糕。孰不知，社会在急剧变化，年轻人的成长环境和父母的成长环境是如此的不同，他们彼此所扮演的角色，面临的社会化的任务也是如此的不同，可父母们往往于不知不觉中以自己的成长过程为榜样，把自己的社会化标准作为现在的社会化标准。尽管有许多开明的父母已经意识到时代不同了，但有意无意之中依然会用老一套的观念来要求现在的年轻人。由此看来，代沟除了是一种客观的存在外，也是一种心理反映和心理落差，是老一代人自我中心主义的产物。那么，如果站在老一辈人的立场上看代沟时，代沟是可怕的。正如米德所说，“在进入现在这个世界时，我们在理解过去，解释目前或展望未来等方面都毫无准备，……我们把熟悉的世界留在了身后，居住在一个新时代里，这个新时代的环境与我们所熟悉的完全不一样。”在这里，米德所感到的困惑，正代表了多数老一辈人对自身处境的困惑。

④怎样去理解代沟

有人说，代沟的存在，对孤独的老一代来说是个悲剧，对那些无榜样可循的年轻人来说是可怕的。这种观点有点过于悲天悯人。事实上，变动不居的社会必然造就着变化了的下一代。在对于未来进行预期时，我们每个人其实都假设社会会越来越好，自己也会越来越好，这是一种支撑整个社会的信念。大多数时候，我们也切实地感受到社会在不断进步，文明在逐渐昌盛，社会在日益繁荣。然而为什么一旦说到代际差异时就会有那么多人认为现在的年轻人是一代不如一代了呢？这只能是人们在认知上存在着误区。诚然，老年人更重视传统价值观，如真诚、友谊、爱国、孝顺父母、重人情；而年轻人更重视现代价值观如自我实现、追求成功、自信、表现自我、崇尚个性与自由等。对于诸如此类的差异，我们应该平心静气地接受，消除代沟是不可能的，也是没有必要的。每个人都不希望放弃自己的价值观，同样也不要试图让别人放弃或改变他们的价值观。代沟的存在，正表明了社会的进步；代际差异越来越大，说明社会变迁的速度越来越快。如果下一代只是单纯地对长辈生活克隆下来，这样的社会是缺乏生机和活力的；没有年轻一代在那里不断

地对父母们认为理所当然的观念的质疑,社会的进步就是不太可能的。

从年轻人的心理和生理特点来看,他们走进了对他们来说还不太熟悉的社会,他们带着憧憬、渴望和创新的活力,渴望改造世界并常常幻想这个世界在他们的手上会一夜之间变得美好和完美,他们因此急躁,觉得父母们缺少了改天换地的勇气,他们要反抗父母们的按部就班,他们要表达自己的声音,人生在他们面前才刚刚展开,他们被自己设想出来的前景鼓噪着,所以带来活力的同时也带来了反抗。当他们逐渐变成成年人时,在他们身上就很难看到反常行为了。美国的社会学家W.J.古德说,“时间本身是具有讽刺意味的,因为时间将平息任何一代人的骚乱,任何人都会变成父母,并面临富于反抗精神的年轻人的挑战。”这就是说,从人类历史的长河来说,只要人类在延续,代沟就永远都不会平息。也正是在年轻人的不断反抗中,社会进步了。

代沟是一种客观存在,也是一种主观认定。在许多人发出“人心不古,世风日下”的无奈感叹之余,又同时不得不承认我们的社会在不断地发生着进步。既然如此,我们为什么不承认承载着社会观念的接班人也在进步呢?这是一个十分有趣又自相矛盾的现象。在这里,除了两代人之间真正存在的代沟之外,恐怕更多的还有价值观的差异,而这种差异正是社会的发展变化所赋予人的。

第五章　人到中年，四十不惑

坦白地说，在写作此书的过程中，一开始的时候，人到中年时的家庭状况并没有纳入到我们的视野，很多关于婚姻家庭的书也几乎不把这段时期作为一个单独的内容来加以考虑；相反，倒是大量的文学作品、影视作品在不厌其烦地向人们诉说着什么。上个世纪80年代的电影《人到中年》反映了中年人生活的窘迫和压力；近几年的电视剧有《牵手》、《结婚十年》，值得一提的是电影《一声叹息》，里面提出的"左右手"理论深得许多人的认同。《一声叹息》里的男主人公梁亚洲爱上了其他人后东窗事发，他的妻子问他到底还爱不爱她，梁亚洲的回答颇有意味，他说晚上睡觉的时候握着妻子的手，就像左手握右手，什么感觉也没有；可是如果把一只手砍掉，那手是长在自己的身上，就很疼。妻子就像自己身体的一部分，虽然没什么感觉，但是不可或缺。这种"左右手"的说法看似诡辩，却也将中年夫妻的感觉描摹得十分到位和淋漓尽致。

1. 人到中年

中年人是一个社会的中坚力量。对于绝大多数的中年人来说，他们在社会中的身份与地位逐渐形成，并且这

种身份发生重大变化的可能性不大，也就是说，生活已经基本定型，对于未来的预期也基本是一个看得见的模式，现在是什么样，今后大致也还会是什么样的。另一方面，无论男女，都面临着身体和心理上无可避免的衰老：男人健壮的体魄和女人美丽的体态正在消失，人生的一半已经过去。当然，中年也意味着成熟和通达。但是，这种成熟对于男人和女人的意义截然不同。有一种流行的说法："男人40一枝花，女人40豆腐渣。"这句话虽然有很浓重的调侃的意味，但表达的意思很明确。当我们审视一下男人女人在40岁时的生活状况时，发现他们的确是截然不同的。

①40岁的男人

男人在中年时，进入了一个备感忙碌和充实的时期，在工作单位的事业蒸蒸日上，有些人担任着领导的职务，工作比以往任何时候都要忙碌，他们甚至无暇顾及家庭，他们把大多数的家务事委托给妻子。对于丈夫们来说，家庭就是一个恢复他们在外边消耗掉的体力的加油站，疲劳时可供休憩的避风港湾；或者说这时的家庭更像一个旅馆，是他们应酬完毕后晚上回去睡觉的地方。如果妻子因此对丈夫有什么抱怨的话，那是太不理解他们了。丈夫们认为自己专注工作，还不是为了获得更好的收入，还不是为了妻子和孩子过更好的生活！为了这个家，他们是在尽丈夫和父亲应尽的责任。

当然还有一部分男人在自己选定的领域内没能够取得成功，虽然有的人可能是大器晚成。但如果人到中年

还不成功的话，也许就永远不会成功了；他们可能因此感到沮丧，面临着心理上的危机和困惑。但是从总体上来讲，比女人更多的男人取得了成功，更多的男人拥有比女人更高的社会地位和收入，中年的男人不仅魅力不减，相反他们的成熟和成功反而为他们提供了比年轻时更强的吸引力。

②中年的女人

女性的资本更多在年龄和外貌，当她们青春不再，丰韵已失的情况下，在“性”的方面对男性的吸引力会大大降低，成为许多人眼里的“豆腐渣”。

从另一个角度讲，女性对于自我价值的定位在很大程度上取决于家庭，她们的社会角色更多的时候是一种对男人的辅助性的角色，女人要服侍丈夫，照顾孩子。现代的城市妇女有自己的职业，但是她们这种传统角色并未发生太大的变化。尽管她们从参加工作中得到对自己价值的肯定，她们依然主要要对家庭负起责任，她们受到家庭角色和职业角色的双重约束，她们实际上在做着两份工作，而且常常得不到丈夫的理解和帮助。下了班筋疲力尽的丈夫可以看电视，读报纸，衣来伸手，饭来张口；而下了班筋疲力尽的妻子回到家还必须给丈夫孩子做饭，干家务，检查孩子的作业。丈夫为了工作可以不干家务，反过来妻子则没有这个特权。这背后的逻辑，无非是认为丈夫比妻子有更高的社会价值，丈夫的工作比妻子的工作更重要。就是说，男性由于所承担的是不同于家庭角色的社会性的角色，社会角色的价值高于家庭角色。男人的价值在于“郎才”，女人的价值在于“女貌”。可见，我们对于魅力的认同是基于价值的认定。还有不可否认的一点，就是两性间的激情不可能是长久的，再热烈的激情经过若干年的婚姻生活以后都会变得平淡。我们虽然不愿意承认，但这的确是这个时期家庭面临潜在危机的根源所在。

2. 中年时期的家庭

人到中年，经历了若干年的家庭生活以后，较之刚成家时忙于照料和养育孩子的时期，较之退休后收入下降、地位下降的老年期，中年时期的家庭收入稳定，但上有老人要赡养，下有未成年要读书上学的孩子，此时，家庭的压力是最大的；同时，也是家庭各方面的功能能充分实现的时期，因此大部分的家庭在按部就班地生活着。

但是仔细考查一下中年时期的家庭生活会发现，这个时期的家庭很难说是稳定，这是一个最容易发生婚外恋的时期。原因在于，夫妻间经过若干年的家庭生活后，性吸引的程度大大降低，夫妻关系更多的转变成一种亲情，一种生活习惯；维系家庭的纽带由最初的两性相吸而

转变成对于家庭和孩子的责任；大多数的中年家庭夫妻地位不平等：丈夫成功了，有地位了，而妻子平平淡淡；中年男性还拥有吸引异性的资本，中年女人已是昨日黄花，而年轻姑娘充满活力和朝气；这时的家庭就面临着男人"红杏出墙"的可能。我国很多对于婚外恋的研究发现，很多的婚外恋都是由中年男人爱上年轻的姑娘而引起的。奥地利的社会学家西德尔·赖因哈德研究发现，"当孩子长到6~14岁时，父母全力照顾子女的负担似乎可以逐渐摆脱时，冲突纷繁的关系中离婚的愿望又增长了起来。只是当子女长大了，经济状况改善了，或者感情衰退过程长足发展了的时候，他们才可能将离婚的打算付诸实施。"

有意思的是，从离婚的发展过程来看，在大多数情况下，提出离婚，有勇气结束不幸福的婚姻的是女性，而推动离婚的人却是男性，是他们首先对婚姻感到不满而去寻找感情寄托，尽管他们很少有人真正地想拆散自己的家庭。从女性的角度来看，在过去男尊女卑的社会，男人到外边去寻找感情慰藉也许不会给家庭带来什么严重后果，但是，现代社会的妇女地位大大提高，尤其是职业妇女，她们经济独立，她们对于男性的要求就不仅仅局限在男人好好工作，尽到养家糊口的责任就行，她们还要求两性情感上的忠诚和平等。可以说，女性们日益觉醒的平等观念，使这个时期的家庭危机由原来的隐性状态而变成明朗化的状态。

由此可见，结婚以来夫妇二人苦心构筑起来的小巢，以及在此基础上形成的伴侣关系，实际上是非常脆弱的。离婚的规律表明，婚姻中有两次离婚危机，一次发生在刚刚结婚的头几年，那似乎是对自己当初结婚对象的一次修正；第二次离婚危机则发生在中年期，是对婚姻缺乏激情的一次修正。从这个意义上来说，中年期的夫妻关系是值得我们应该重新思考和定位的。

第六章　现代社会的老年人

找点儿空闲，找点儿时间，领着孩子，常回家看看；带上笑容，带上祝愿，领着爱人，常回家看看。妈妈准备了一些唠叨，爸爸张罗了一桌好饭；生活的烦恼，跟妈妈说说，工作的事情，向爸爸谈谈。常回家看看，回家看看，哪怕帮妈妈刷刷筷子洗洗碗，老人不图儿女为家做多大贡献，一辈子不容易就图个平平安安。常回家看看，回家看看，哪怕帮妈妈捶捶后背揉揉肩，老人不图儿女为家做多大贡献哪，一辈子总操心就奔个团团圆圆。

（歌曲《常回家看看》）

从个人来看，老年，是每个人都会经历的人生阶段；从社会的发展来看，现代社会“银发浪潮”来势汹涌，老龄化问题日渐突出。我们不得不探讨一下下述问题：老年到底是一个什么概念？老年人会有一些什么样的心态？老年人的社会地位都会发生一些什么样的变化？老年人的晚年是如何度过的？孝敬老人的观念在现代社会都有哪些改变？

1. 老年的到来

有一天，当我们发现自己的青丝变成了白发的时候，当我们的额头渐渐爬满了皱纹、光洁不再的时候，当我们不得不从工作岗位上退休的时候，一个不可避免的人生阶段——老年，悄悄地来临了。

①什么时候算老了？

什么样的人才算是老年人？在很多人的心目中，这是一个模糊的概念，也是一个简单的概念。这个问题看似简单，其实不简单。实际上，在不同的历史阶段，老年人的概念并不一致，因为人类的寿命在不同的历史阶段是不同的，那么在不同的寿命水平下，老年人的起点也就有很大的差异。

历史上，人类的寿命很短，奴隶社会和封建社会的平均寿命只有20～30岁，在19世纪上半叶，发达国家的死亡率高达32%；到1841年时，发达的欧洲国家的人口平均寿命也只有41岁。那时，医疗水平低，人们营养不良，传染病夺走了很多人尤其是儿童的生命；60岁的老人是罕见的，70岁的老人更加稀少，整个人口的平均年龄很年轻。

在解放前，我国的人口平均寿命只有40岁，被西方称作“东亚病夫”。美国在20世纪初期的人口平均寿命是48岁。那么，在这种水平下，45岁甚至更低年龄就已经算是进入老年了。现在，随着社会生产力的发展，医疗卫生条件的改善，人口的平均寿命大大提高，发达国家和大多数发展中国家的人口平均寿命已达到70岁；今天，一个出生在中国的婴儿平均可望活到70岁，“人生七十

古来稀”这句话用到现在恐怕没有多少人同意。可以预期,随着人口寿命的继续延长,老年人的年龄界限有可能后移。目前,从世界范围来看,发达国家把65岁、很多发展中国家把60岁定为老年阶段的开始。即使同样都是老年人,我们往往把60~70岁的老年人称之为“年轻的”老年人,70岁以上的我们称之为“高龄”老年人。这个事实说明老年本身已经成为一个比较长的生命阶段。由此可知,关于老年人的评定标准,不仅仅是一个生物学的事实,它还是一个社会学的事实,正如我们在前边提到过的“青春期”概念一样,“老年人”或“老年期”的内涵更多地与社会发展相关,受社会因素制约。

②什么样的人口才算老化?

本来,人有生老病死是不可抗拒的自然规律,但我们现在面临的问题是妇女生育的孩子越来越少,人的寿命越来越长,老年人在社会总人口中的比重越来越大。联合国规定一个社会人口老化的标准是:60岁及以上的人口占整个人口的比例达到10%或65岁及以上的人口占总人口的7%。我国在2000年65岁及以上的人口比例基本达到7%,预计到2020年,60岁及以上老年人口的比例为16.4%,65岁及以上老年人口的比例达11.3%,是典型的老化人口。

西方国家大多数已经进入老化的行列,而且老化的问题很严重。如1996年法国老年人口的比例是20.3%,瑞典是21.9%,德国是20.9%,英国是20.5%,日本是21.2%。但是从西方发达国家的历史发展来看,它们人口

数量少，而且属于先富后老，社会已经储备了丰富的资源和财富来应对一个老化的人口总体。而我们中国的情况则与西方有很大的不同，我们是未富先老，老年人口无论从绝对数量还是相对数量上来看都很大，而我们的底子又很薄。因此，这种情况对整个社会发展的影响是巨大的，它使老年人口的赡养比例大大提高；老年人口的总量不断增加，不可避免地需要增加与老年人有关的投入，如医疗设施，养老机构等。而且，随着中国独生子女政策的普及，未来的20~30年间，中国还会出现“421”家庭结构。所谓“421”家庭结构，是指一对独生子女组成的夫妻(2)，上有双方的父母(4)要赡养，下有自己的孩子(1)要抚养。中国历来有家庭养老的传统，老年人一般要在自己的家庭中由儿女奉养，安度晚年。那么对于“421”的家庭结构来说，其最显著的特点就是赡养老人的负担比较沉重。

人口老化的问题表面看起来是国家的问题，实质上它涉及到千家万户。我们每个人都有自己的父母，每个人也会不可避免地老去，每个人老的时候都会从工作岗位上退出，成为只消费不参加劳动的消费者。因此社会如何对待老年人，关系到每个人的利益。社会变得越来越老，就要求我们更多地关注老年人的需求；将来，老年人更多，有人形象地称之为“银发浪潮”或“银色浪潮”，以表示老龄化来势之迅猛。那么，这个特殊人口群体的需求也就更多；为了满足这些需求，也许整个社会的价值观都应该调整。

2. 老年人的状况

人到了老年究竟会怎么样？我们每个人都不愿意变老，然而人生如梦，流年似水，变老是不可抗拒的自然规律，因此我们不免感慨“夕阳无限好，只是近黄昏”。在这个人生的最后阶段，身体的、生活的、精神的一系列变化可以说几乎都是负面的，这些变化使老年人产生了只有老年人才有的身心特征，同时，也对老年人的社会地位造成了影响。

①老年人的身体变化

人的身体犹如一架机器，使用了一定的年限后有些零件就会破损。只是真正的机器零件可以更换，而人身上的“零件”是渐渐地衰老。即使年轻时身体很健康的人，到了一定的年龄后也会患有某些疾病，这些疾病往往

就被看作是老了的征兆，如弯腰驼背，高血压，糖尿病等，虽然这些疾病年轻人也有人得，但它们更多的是与老年人联系在一起。另外，随着人们年龄的增加而产生的健康问题可以概括为从急性病到慢性病的转化。年轻人生病，总是一些急性症，而老年人总是慢性症，这也是人衰老的表现。不过假如我们就此认为老年人是不健康的则是人们的一种刻板印象。事实上，绝大多数老年人是积极、健康和独立的，只是这种独立和健康的状况在老年人中会随着年龄的增加而不断地降低。

②老年人的心理变化

毫无疑问，伴随着年龄的增加和生理变化的还有人的心理变化，这些心理变化包括人的感知觉，运动技能，记忆力，思考和判断的能力及对周围环境的适应能力。

人对外物的感知，是随年龄的增长而衰退的。到了老年，从生物学的角度来看，老年人的感官已经衰老了：眼睛花了，看不清物体；耳朵背了，听不清声音；皮肤松弛，对温度的变化和触摸的感觉变得迟钝。人的感知觉是人认识外界事物的起点，是一切心理活动的基础，那么当感知事物的能力在降低时，自然会难于迅速有效地从周围环境获取情报和信息。这样，老年人会感到生活环境越来越狭窄，周围的许多事物变得与自己越来越疏远，甚而与自己没关系了。

随着年龄的增长而明显衰退的还有人的记忆力、兴趣心和好奇心。在老人眼里，能引起他们关注和兴趣的事物越来越少，几乎没有什么是他们没经历过或没见过

的,他们看到事情的开始就已经猜测到了它的结果,自然没什么新鲜感;他们的记忆力在变坏,记得的往往是很早以前的事情,所以年轻人觉得老年人总是在讲他们那些老掉牙的故事,爱翻那些老皇历。

老年人的智力发展也引人关注:一部分老人会得痴呆症。较早的研究认为人的智力在8~25岁达到高峰后,随年龄的增长而逐渐减退,到老年时显著衰退;而最近的研究表明,人随着年龄的增长,知识和经验的积累,思维、理解和判断的能力的不断提高,成年至老年,智力不但不会减退,而且还有所提高。现代科学研究资料表明,在纯科学领域,如数理化等,青年人在创造力方面确实有优势,因为这些科学不需要生活经验的积累和对事物感悟的形象思维。但在人文和社会科学方面,需要的是对人生的体验,对社会的洞察能力。因此,随年龄的增长,会对事物更具深刻的洞见。另外,人的智力也符合用进废退的原则。对老年人来说,保持智力的最好方法就是不停地活动,积极活动,保持对陌生事物的好奇心,带着极大的兴趣向生命中出现的新事物挑战,接受新事物。有些老年人之所以觉得脑子不好使,更多的时候是因为他们放弃了参与社会事务、认知外部环境的主动性。

③老年人社会地位和角色的变化

正如前边所指出的,生命周期的不同阶段及其内容是社会赋予其中的。老年期作为一个明显的生命阶段,如同青春期和青年期一样,也是现代工业社会的创造发明。

在工业文明之前的社会中，社会赋予老年人的权利很大，声望很高，每个人都参加劳动，只要体能没问题，就一直参加社会生产直至死亡，因而生命周期中没有一个明显的“退休”事件作为退出生产领域的标志，而家庭是基本的劳动单位。这种社会的另一个特点是社会的变迁和知识更新的速度都很缓慢，老年人的身上贮藏着丰富的社会知识和经验，社会的其他成员可以从他那里得到指导。财富和生产资料的主要来源——土地，在家庭中由最年长的男人掌握，老年人统治着家庭。由于生产力水平比较低，需要几乎所有的劳动力都下地干活，老年人在他们老得干不动之前都可以一直扮演着积极的经济角色。

而在工业社会中，老年人的地位就大不一样了。在高度技术化和迅速变化的社会中，技术和知识的发展日新月异，要想获得知识，主要通过学校的正规教育，然而学校几乎完全集中于教育年轻人，老年人实质上受不到教育。老年人的知识跟不上时代的发展，他们的知识陈旧和过时，因而他们的经验不再受到尊重，人们很少再去老年人那里寻找智慧。孙儿们对于现代世界的了解也许比他们的祖父母更多或自以为更多，比如对电脑的了解，显然年轻人占有很大的优势。

老年人的经济地位发生了变化。工业社会中，拥有土地不再那么重要，而且工业社会的生产能力很强，它面临的一个反复出现的问题不是劳动力短缺而是劳动力过剩。在一定程度上正是由于这个问题的存在，工业社会

把两个年龄组的人排除于职业竞争之外:儿童和老年人。社会用社会制度和法律的形式来保证这两项条件的实现:义务教育和禁止使用童工——使小孩子不得进入劳动力队伍;强制退休——在发达国家只要达到65岁,在我国规定男性达到60岁,女性55岁,不管你还有无劳动能力,都要退休。退休制度的本质是认为人到达一定的年龄后就无法继续承担社会赋予他的社会角色,他们的责任和社会角色应该转移到年轻人的身上,他们必须放弃工作以便为年轻人提供更多的就业岗位,为年轻人提供更多的升迁机会。

退休制度实际上是为人的社会角色赋予了年龄标志，以年龄作为衡量个体能否胜任社会角色的尺度。年幼者尚可以指望将来进入某一职业，而老年人则永远地被降低到无足轻重的地位。这种年龄尺度及其所包含的对于老年人的看法，其实就是一种年龄歧视。正如美国的社会学家英克尔斯所指出："现代化过程中最普遍也是绝对不可避免的趋势，就是助长一种年轻的文明。在这种文明里，老年人不再是受尊敬的对象，年高也并不能成为受尊敬的理由。这种情况是人们所恐惧的，却又是在慢慢走近的。"

退休使人的生命中多出了一个不参加劳动的阶段。退休的开始，就是老年阶段的开始。由于脱离工作岗位所带来的经济地位的变化，老年人的社会地位也随之降低。就像青年人被看作一生中最有希望的阶段一样，老年人则通常被认为是生命中希望最少的时期。

在农业社会，工作领域和生活领域合二为一，农民从某种意义上来讲属于自我雇佣者，他的生活领域就是他的生产领域，他可以自己决定自己何时工作何时不工作。但工业社会中，生产领域（工厂）和生活领域（家庭）是分离的，劳动力是某个非人格化的、社会化的组织成员，何时不工作他自己说了不算，他必须服从于非个人化的规章制度对于退休的决定。家庭不再是生产单位，生产资料不再是土地，大家庭因生产功能的逐渐消失而让位于小家庭，老年人在家庭中的权威地位也就随之削弱。事实上，伴随工业化和城市化而来的老年人的单独居住，即

空巢家庭的增多,实际上也反映了老年人家庭地位的变化。

当然,过去的老年人也许有更多的自由决定自己是否工作,但当他们想停止工作的时候,也许因为缺少固定的收入而做不到这一点;而今天的许多人不得不面临强制退休,却可以从政府或单位领取一定数额的退休金。但是,退休者的收入与正在工作的人的收入是不可同日而语的。

总之,老年的到来往往意味着一系列负面的生活事件:强制退休,收入减少,疾病缠身,孩子离家,配偶去世等等,社会学称之为角色退出或角色丧失。如何适应角色丧失的问题就成为老年人面临的重要心理问题。

3. 老年人的心态

对许多老人来说,社会角色的丧失增加了他们的不安全感和失意:与他们发生直接联系的人在减少,他们的孤独感在增加,社会地位在降低。这是由于现代社会是一个变化迅速的社会,而老年人由于固有经验的影响,也由于他们对外界事物感知的弱化,智力和记忆力的衰退,使他们对社会的适应能力越来越弱。费孝通先生在他的《乡土中国》中说过这样的一段话:“在社会变迁的过程中,人们并不能靠经验做指导。能依赖的是超出于个别情境的原则,而能形成原则、应用原则的却不一定是长者。这种能力和年龄的关系不大,重要的是智力和专业,还可加一点机会。讲机会,年幼的比年长的反而多。他们不怕变，好奇，肯实验。在变迁中，习惯是适应的阻碍，经验等于顽固和落伍。顽固和落伍并非只是口头上的讥笑，而是生存机会上的威胁。”

但这并不意味着老年生活必然是暗淡和无味的，相反，老年的生活可以是多姿多彩的。将老年人降到无足轻重的地位，只是近代社会的产物。

①抵制否定“老”的价值观

古希腊哲学家柏拉图一直都看重精神的价值，他对于老年人的观点也不例外。在他的著作《国家》的开篇部分，他这样谈到老人的问题。他认为，对于那些沉湎于往昔的快乐，而抱怨“美好时光已不在”的人们，对感伤于“受到家人虐待”和不停诉说“老年是造成自己不幸的根源”的人们，柏拉图告诫道，“老年，就是从(爱欲或快乐等的)欲念中解放出来，而充分享受平和和自由的时刻。”对老之不幸，他说，“原因只有一个，那不是老的问题，而是个人的性格问题。只要是正派而知足的人，即使老迈也不会变得那么痛苦。相反，对于有些人来说，不论是暮年和青春之际，都会同样苦涩。”在柏拉图看来，身体的衰老和死亡是临近老年时的实情，但并不等于精神的没落。他还教诲说，与受身体的欲求所累的年轻时代不同，老年期“从凶猛犹如独裁的暴君”般的冲动中解放出来，获得了精神上的更加自由和开放。柏拉图的观点对于我们如何看待老年人的价值是颇具启发意义的。

在东方，也认为“老”的过程是人走向完美，走向高峰的过程。孔子曾说：“吾十有五而志于学，三十而立，四十

而不惑，五十而知天命，六十而耳顺，七十而从心所欲，不逾矩”。（见《论语·为政篇》）孔子向我们所昭示的自在的精神境界，就是一个随年龄的增长而不断完善的过程。人的身体可以变老，但精神应趋于完善。

以老为贵，贵在老人有知识、经验，贵在他们有达观、平和的人生态度。我们纵观人类的历史和现实，政治家中鲜有40岁以下的年轻人，在政治领域，“姜还是老的辣”的规律表现得淋漓尽致，说明老年人在用他们的智慧引领着一个国家和社会前行的脚步。本来，老人根据综合能力，比年轻一代处在更优越的地位是理所当然的，但

是这样下去会与年轻一代产生很大的冲突。我们这个社会总要处理好年老一代的退出和年轻一代的接替问题。因此老人到了一定的年龄，就适时地把社会舞台的主角地位让给年轻的一代，这是一种社会的智慧和安排，是新

陈代谢、新老交替的自然规律，而不是老年人真的变得毫无用处了。

②老而不言退，做“人”而生活

老人应该首先做为“人”而非“老人”去面对生活。从某种程度上讲，“老人”是一种社会化的标签，先验地将某种特征贴在某一类人的身上。其实，人的生理上的衰老在很早就开始了，为什么非得把退休作为一个明显的转折点呢？无非是因为退休这一生活事件对于个人的影响前后对比分明，就像将他的生活之树连根拔掉一样。这更多的是一种个人的感觉，是需要去调整的。你只是不再去工作，不再有原来那么高的收入，其余的并没有太大的变化。你依然可以像以前一样保持对新事物的好奇心，你的生活依旧可以自理；原来上班的时候忙于生计和工作的压力，也许有好多你感兴趣而没时间去做的事情，现在终于有了闲暇了。可以为了自己的兴趣活一把，按自己的意愿安排生活，培养自己的兴趣爱好，这是多么惬意的事情啊！

从个体的生命历程来看，退休后的闲暇是一个人生的必经阶段，是对一个人辛苦一生的补偿。像多年前的一首流行歌曲，李春波的《一封家书》中唱到的：“干了一辈子革命工作，也该歇歇了”。有什么理由不去享受这最后的时光啊？退休不是人生的句号，而是第二个人生的开始。与其沮丧、怨天尤人地过生活，不如积极地寻找人生的乐趣。欢乐不会自己从天上掉下来，而是由我们每个人自己创造和寻找的。在我们这个越来越长寿的社会

中，一个人的老年阶段尚有十几年、几十年，这十几年、几十年的时光足够使一个黄口小儿成长为英俊少年，那么，老年人的好日子也许才刚刚开始呢。

4. 老年人——究竟谁在养他们？

现代社会对于老年人的负面评价总是多于正面的评价。的确，他们不再工作，不再创造价值，不再为家庭增加收入；他们要吃，要穿，还要看病。似乎，他们仅仅作为单纯的消费者而存在。现代人的寿命越来越长，从退休到死亡之间有着长达十几年、二十几年甚至更长的时间，加上出生率的下降，年轻人的数量越来越少，老年人口在总人口中的比例不断增加。而社会上只有年轻人和中年人在工作，养活那些不工作的老人和孩子。孩子们尚可指望他们将来创造价值，老人们却不再有这种机会，因此老年人似乎是家庭和社会的一个沉重负担。这里就提出一个问题：究竟是谁在养活这些老年人？

人在生命周期的不同阶段有不同的权利与义务：在未成年期有受抚养的权利，在劳动年龄期间有赡养老人和抚养子女的义务，进入老年后又有接受子女赡养的权利。养老可以说是劳动者应该享受的基本人权，同时也是所有老龄问题中最突出的一个问题。一般说来，养老问题主要要解决的内容有三项：一是养老的经济保障，二是老年人的日常生活照料，三是老年人的情感需求。

①老年人的经济保障

这是老年人赖以安度晚年的物质基础。我们知道，

在人的所有需求中，生存需要是第一位的，没有物质的保障，生存就不可能。这一点对于老人来说尤为重要。因为一方面老人退休以后脱离了工作岗位，不再参加劳动，收入大大减少；同时，由于年龄增大，医疗费用却在大幅度上升。因此，收入减少和生活的不稳定，肯定影响到老年人的正常生活，我们的社会也因此觉得老年人是个负担。

其实，从宏观的社会发展过程来看，任何社会都存在着为了使社会延续而进行的人口和劳动力的再生产问题。这个再生产的过程体现为上一代抚养下一代、培养下一代的过程。任何生产活动都要付出成本，劳动力和人口的再生产也不例外，这种成本包括对人的抚养教育所付出的财力物力及为这种抚养父母所花费的时间成本，培养的过程同时也是社会财富的代际转移过程。而下一代在进行生产时所运用的生产资料是上一代积累下来的，在这个积累的基础上，再生产才能够继续进行。

从养老的过程来看，由于大多数国家和家庭在大多数时候都不用储备现金的方式，或现金储备不足以支付上一代人的养老费用；而是采用现收现付的方式，即用正在劳动的劳动者的劳动或他们所交纳的养老金来支付上一代人的养老金。因而给人们造成了一种错觉，认为是下一代人在养活着上一代人，老人多了是负担。不是老人多了是负担，而是老年人被排斥在劳动力市场之外，养老概念本身将老年人置于被养的地位，是我们认为他们是负担。

说到我们中国的养老问题，我们应该注意一下我国的城乡社会二元结构在养老问题上的不同表现。20世纪50年代，我国在城市中开始建立了广泛的社会保障体系。所谓社会保障的含义，是指人在工作时支付一定数额的养老保障金，以备达到退休年龄不再工作、没有收入时作为基本的生活保障的保障形式。它不同于家庭保障。我国原有社会保障体系的特征是“低工资，高福利”，属于职工福利的那部分收入不是个人账户的收支，而是国家统筹发放，由国家或企业预留，凝固在企业的固定资产中。在广大的农村地区，老年人不享受由国家统筹的社会保障，他们主要在家庭中由儿女来供养，养老的负担具体地落在每一个家庭中而不是社会中。在劳动力抚养的过程中，财产的储存不一定是金钱的直接储存，而表现为抚养孩子所花费的人、财、物及家庭财产。当父母失去劳动能力而需要子女赡养的时候，子女的赡养就是对老人过去垫支的抚育费及劳动的延期支付。

可以这样认为，老人晚年所获得的基本生活保障，不论是从社会上支取养老金，还是由子女直接供养，本质上讲都是老人用自己过去劳动的延期支付来养活自己。子女对父母的孝道，不仅仅是一个伦理道德问题，它一方面体现了社会财富和家庭财富在代际间的公平再分配，是老年人应该享受的权利；另一方面养老则体现着人类在发展和延续过程中的互动、依赖和传承。

从理论上讲，养老的道理是这样的：从现实的层面上看，大多数老人实际上也并没有单纯依靠子女来生活，他们大多数人还在自己养活自己，他们本身仍然是维持自己生存和生活的最主要的支持力量。城市老人有退休金，而且据调查，20%的老人反过来在资助自己的子女；农村的老人更是活到老，干到老。当他们真正体力不支不能劳动的时候，离他们的死亡就已经为期不远了。

②老年人的日常生活照料

如同很多大众媒体中所描绘出来的那样，我们的社会在关注老年人时经常是相当消极的，老年人往往被描绘成已经活到对社会无任何实际用处，体弱多病，需要别人照顾的角色（难怪有些老年人可能按照社会对他的期待来生活）。从我们的社会伦理道德观念来看，中国社会深受儒家传统文化的影响，“孝道”作为调节家庭成员赡养行为的准则，在观念上也在强化着子女对父母的照顾责任，似乎只要父母一老，就需要子女的照顾，子女们就会去照顾父母，完成赡养的责任。现实又如何呢？

老年人不一定是被赡养者。他们虽然不再承担许多社会性角色，但是，在老年期的很长一段可以自理自己的生活的时间里，绝大多数的老人仍然会对家庭其他成员提供力所能及的帮助，成为家庭生活的重要支持者。这一点，不论在城市还是农村，均是如此。例如，很多老人（尤其是女性老人）都在家里料理家务，照看第三代；农村的老年人更是为子女尽心尽力做家务，带孩子。很多农村老人说，当父母的就是给子女扛长活的，要一直扛到死。在这样的关系中，老人完全不是被照看者的角色。老人的作用对于年轻一代摆脱家务负担，全力投入工作，

是很有积极意义的，也是对社会的贡献。家务劳动也是一种劳动，只是家务劳动历来不同于社会劳动，不好用金钱来直接衡量，因此其社会意义和价值被大打折扣。老年人和家务劳动的价值，也理所当然地被忽略了。

老年人是独立的。老年人的消极形象是一种年龄歧视，我们想当然地将老年人默认为孤独、寂寞、依赖感强、感情不稳定、身体不健康的人，这是一种刻板印象（诚然，有些老人适合这种描绘）；我们想当然地假定老年人是个脆弱的群体，每一个进入老年阶段的社会成员都需要别人的照顾和社会的帮助。但真实的社会调查表明，这个老框框是不真实的。实际的情况是，对于大多数的老年人来说，他们可以自主地走完自己的一生，老年人对子女的付出与子女对老人的回报之间具有不对等性。

在谈到子女对父母的照顾时，我们往往假定老年人在需要他人帮助时就一定会让子女或他人给予帮助，实际上，老年人出于对子女的无限责任感（这是中国社会不同与西方的地方），即使老人需要子女的帮助，出于尽量减轻子女负担的责任，老人也会尽量减少对子女的要求，不给子女添麻烦，自力更生。有调查表明，大多数过了80岁的老人也仍然有很高的自理程度，我们可从居住形式来证明这一点，现在空巢家庭（只有老夫妻的家庭）越来越多了。可以说，不论是老年人还是年轻一辈，他们的共识就是父母身体好，不需要照顾，不成为子女的累赘，既是老人的福气，又是儿女的福气。与父母在抚养子女时的一把屎、一把尿的艰辛相比，父母和子女的代际关系存

在着明显的不对等。父母对于子女的付出不计成本，不求回报，对年轻一辈的抚育、家庭生计和事业发展的操劳是无条件的。而相反，久病床前无孝子，子女对父母的照顾会受很多因素的制约，有些时候往往难以实现。

当然，不可否认，多数父母们在真正的年老体衰需要家庭支持时，他们依然能够从子女处得到足够的照料和支持。只是，这个时期在人的老年期所占的时间是非常短暂的。

③老年人的精神慰藉

美国著名的人本主义心理学家马斯洛（Abraham Maslow，1908～1970）在谈到人的需要时认为，人的需要是分层次的，从低级到高级，最基本的需要是对生存的需要。但是，“要是面包很多，而一个人的肚子却已经饱了，那会发生什么事呢？其他高一级的需要就立刻出现了，

而且主宰生物体的是它们，而不是生理上的饥饿。而当这些需要也得到了满足，新的更高一级的需要就又会出现，以此类推。”他把人的需要分为五个从低到高的层次：生理的需要，安全的需要，归属和爱的需要，自我尊重和得到他人尊重的需要，自我实现的需要。马斯洛坚决主张人的一生实际上都处在不断的追求之中，人是一个不断的有所需求的动物，几乎很少达到完全满足的状态。一个欲望得到满足之后，另一个欲望就立刻产生了。用马斯洛的观点来理解老年人的养老需求，不难看出，如果说老年人的经济需求和身体照料的需求属于比较初级的基本层次的需求的话，则老年人的精神慰藉就属于较高层次的需要了。

如果说，老年人的前两种需要的满足更多的带有自足的色彩的话，老年人精神需要的满足则要他人出场了。

我们中国人受儒家传统文化的影响，历来重视家庭和血缘关系。老年人对于精神慰藉的定位，无论是从形式上还是内容上都存在于家庭中的亲情寄托和天伦之乐，子女和配偶是老人精神满足的主体。很多老年人脱离工作岗位后，生活圈子越来越狭窄，家庭是他们最主要的活动场所，对子女家人的情感依赖就越来越大。另外，中国老年人参与社会活动的程度和积极性都不太高，与社会之间的距离较大，再加上中国长期以来属于比较贫穷的国家，客观上老人也没有条件来参加更多的符合自己兴趣爱好的活动。因此，老年人所需的精神慰藉主要是亲情交流，他们的寂寞更多的时候是出于对与子女交流的渴望。据天津市老年公寓进行的一项调查,老人不愁吃喝却感到空虚,90%的老人希望儿女常来看看,多陪着坐一坐,聊聊天。对于子女来讲,精神赡养的前提就在于相互的接近、交流与抚慰,也很简单,比如问寒问暖,节日团聚,平时打打电话,写写信等等。正如《常回家看看》的歌中唱到的,其实老人的期望水平是很低的。

在现阶段老人的精神赡养是个问题。一方面,基本生活条件的满足必然产生高级的精神需求;另一方面,满足需要的主体与客体之间存在着不可避免的差距。老人的精神寄托主要来自儿女,而两代人之间的代沟,使他们的沟通缺乏渠道和基础。现代的年轻人繁忙的工作压力很大,使他们的沟通缺乏动力,年轻人往往觉得自己的时间和精力"奉陪不起"老人。期望和现实之间的落差造成了老人对精神慰藉的渴望和呼唤。在社会变迁的过程中,老年人需求的满足变得无足轻重,他们不可避免地被边缘化了。

这个问题说明,老人在追求精神安慰的时候,对子女的期望过高是不太现实的。

5. 对"孝"的解读

说到养老的问题,我们必然要提到支撑中国社会养老的基本伦理价值观:孝道。孝道在中国可以说是一个家喻户晓的传统理念,它强调家庭的价值,是我们的社会如何对待老年人的一个基本价值观和伦理准则。

传统中国深受儒家文化的影响,"孝"是儒家文化的

一个基本概念。从儒家的开山鼻祖孔子开始，“孝”的伦理准则就一直被儒家所推崇，并且，经过封建社会数百年的强化和宣扬，这种观念通过长期的实践已经内化成为中国人行动的一部分了。

①历史上“孝”的基本含义

历史上的孝，并非我们现在理解的“养老”那么简单，而是有着极丰富的内涵，由“孝”延伸出来的伦理准则，涉及到社会生活的方方面面，是一种基本的人际关系价值体系。

儒家的代表人物对孝的内容给予了清楚、细致和具体的解释。

孝的第一层含义是指对父母的奉养。孟子说：“……舜尽事亲之道，……此之谓大孝。”荀子也说：“能以事亲谓之孝。”意思是说，舜尽力侍奉父母，便叫做大孝。但仅有赡养是不够的。《论语》中记载，孔子的弟子子游问孔子什么是孝，孔子回答说：“今之孝者，是谓能养。至于犬马，皆能有养；不敬，何以别乎？”这话的意思是说如今所谓的孝，只要养活父母就行了。其实，连狗和马都能养活，若不尽心恭敬地孝顺父母，那和养活狗和马有什么区别呢？孟子也有类似的观点：“孝子之至，莫大于尊亲。”从孔子和孟子的论述来看，孝远远不仅指“事亲”那么简单，关键还要“尊亲”，即敬爱父母。

《论语》中的另一段话明白地表达了孔子对于“尊亲”的看法。孔子的弟子子夏问什么是“孝”，子曰：“色难。有事，弟子服其劳；有酒食，先生馔：曾是以为孝乎？”孔子

的意思是说：在父母跟前，难的是经常保持愉悦的颜色。如果只是有事情替父母操劳，好酒好菜让父母先吃，难道这就可以认为是孝吗？显然，这句反问话后面的意思是说，这不是孝。因此看一个人是不是孝，主要看他是否做到尊亲，是否有孝心，而为父母提供怎样的衣食住行倒在其次。古人有副对联："百善孝为先，原心不原迹，原迹贫家无孝子。万恶淫为首，论迹不论心，论心世上少完人"，说的也是这个意思。

孝的第二层含义是"无违"，"无改"。孔子说："父在，观其志；父没，观其行；三年无改于父之道，可谓孝矣。"孟子也说："不得乎亲，不可以为人。不顺乎亲，不可以为子。舜尽事亲之道，而瞽瞍底豫。瞽瞍底豫，而天下化。瞽瞍底豫，而天下之为父子者定，此之谓大孝。"意思是说，不能得到父母的欢心，就不可以做人；不能顺从父母的旨意，就不能做一个好儿子。舜竭尽全力去侍奉父母，终于使父亲瞽瞍高兴了。瞽瞍高兴了，天下的风俗也因此改变了，天下的伦理道德也因此定下来了，这就是大孝了。可见，顺从父母的意志，就是孝。

孝的第三层含义，也是极为重要的一层含义，就是"立嗣"。敬养父母，祭祀祖先，其前提条件必须是后继有人。于是，孟子提出"不孝有三，无后为大"。《在魏书·李孝伯传》中也有类似的记载："三千之罪，莫大不孝，不孝之大，莫过于绝祀。"孝的这一层含义，在传统的中国社会可以说被强调到了无以复加的地步。

由此我们看出，"孝"的基本含义在于如何对待老人

的层面,但“孝道”的价值观却不局限于家庭方面,它同时还是一种社会伦理和政治伦理观念。在儒家看来,孝是为人处世的根本,是做人的根本。诚如孔子所说:“君子务本,本立而道生。孝悌也者,其为仁之本与!”这句话的意思是,君子要追求根本,根本的东西树立起来,为人处世的道理就明白了。而孝敬父母,兄弟互爱,是根本的仁。有了这样一个根本,其适用范围就远远超出了家庭道德的范畴,孝就可以成为治国安邦的大道理,可以“孝”治天下。恰如孔子的弟子有子所说:“其为人也孝悌,而好犯上者,鲜矣;不好犯上,而好作乱者,未之有也。”孟子也说道:“老吾老以及人之老,幼吾幼以及人之幼,天下可运于掌。”意思是说,从尊敬自己的父母进而推广到尊敬别人的父母;爱护自己的孩子进而推广到爱护别人的孩子,这样就可以很容易地统治天下了。

基于这样的认识,很自然地发展出后来的忠孝一体观,《孝经·广扬名》上说:“君子之事亲孝,故忠可移于君。”在这里,忠即是孝,孝即是忠,故可以“求忠臣于孝子之门”,也是儒家一贯倡导的“在家为孝子,入朝做忠臣”。父亲是一家之长,君为一国之尊,忠孝就成为统治者维护他们的政治秩序的根本伦理法则。

②如何评价传统的“孝道”观?

封建的“孝道”观在我们现在看来基本上是愚昧的。作为宗法观念的一部分,它要求子女“三年无改于父之道”,要“无违”,要“父母在,不远游”。可知,这基本是一个以父母的要求为本位,旨在维护传统家庭中不平等地

位的尊卑制度和等级观念。以顺为孝，无视年轻人的创新冲动，扼杀了年轻人的进取心和冒险精神。家长或君主对子女和臣子握有生杀大权，其本意是要培养出愚昧、顺从的子民。因此，从某种角度来说，“孝道”是子女独立精神的桎梏。

孝做为一种伦理观念，其功能与作用并不仅仅限于家庭方面，它同时是一种社会伦理，这样一种观念更被统治者奉为统治老百姓的金科玉律，发展出“君为臣纲，父为子纲”，“君教臣死臣不得不死，父教子亡子不得不亡”的人治观。父子关系、君臣关系，推而广之上下级关系，其实就是统治与被统治、支配与服从的关系。子对父不从是不孝，臣对君不从是不忠，判断是非的标准是以父或君的好恶为标准，而不是以客观的真理为标准。可以说，中国上千年封建社会变化缓慢，进步甚微的状况，与孝道和忠君观念是存在着某种关联的。

当然，“孝道”的积极作用也是明显的。“孝道”精神在中国持续了上千年，人们用“孝道”的观念来调节家庭关系，使养亲、尊亲的观念深扎在中国人的内心，尊老、敬老的伦理风行于世。在这种传统观念的影响下，儿女对父母尽赡养的义务已经以法律的形式被确定下来，老有所依，老有所养，老人在家庭中可以与子女共享天伦之乐，赡养父母成为中华民族的传统美德，是需要我们发扬和光大的。特别是尊亲的观念，要求儿女从内心发出对父母的真诚尊敬之情，使父母不但得到物质上的供养，更能得到精神上的慰藉，这也正是现代养老所追求的一种

境界。在1982年维也纳世界老龄大会上，世界的专家都认为，以中国为代表的亚洲社会的养老方式，是全世界解决老年问题的榜样。

③现代社会，传统的“孝道”观仍然起作用

历史的脚步走到现在，我们的社会无论在思想观念、价值取向，还是家庭结构方面，都已经发生了翻天覆地的变化。一方面，作为中华民族的传统美德，孝道的伦理观念依然是维系父母与子女关系的基本准则；另一方面，孝的内涵已经发生了很大的变化。

从总体上看，“孝”做为维护封建统治秩序的行为准则的意义在现代社会已经被剥离，使“孝”成为只是调节家庭中两代人关系的一种标准。由于儒家文化对“孝”的强调，赡养老人的义务观已经变成了每个中华儿女的内在责任和自主意识，是其人格的一部分，是中华民族的一种“集体无意识”；我国现行法律明确规定子女有赡养老人的义务，就是这种“集体无意识”的生动体现。费孝通先生曾提出在父母与子女的关系中，中国和西方遵循两种不同的模式：西方的是“接力模式”，中国的是“反哺模式”。在“接力模式”中，父母对子女有抚养的义务，反过来子女对父母没有赡养的责任。而在“反哺模式”中，父母抚育子代，子女反过来在父母年老体衰的时候要赡养父母，对他们进行“反哺”。对这种模式的生动解释在传统社会中就是“养儿防老”，它所完成的功能就是养老的功能，“不孝有三，无后为大”的伦理准则则是达到养老目标的意识形态的保障而已。现在，已经没有多少人认同上述的“养儿防老”的观点，但父母还是要孝敬的。不孝顺、不尊敬、不赡养父母的人终归还是少数。

④“孝道”的内涵发生了变化

现代家庭所发生的变化对养老最大的冲击有这样几方面：

第一，家庭规模变得越来越小。由父母和未婚的子女组成的核心家庭是现代社会普遍的家庭模式，老年的父母和成年的子女越来越倾向于分开居住。

第二，老年人的寿命越来越长，他们不参加工作、没有收入的时间增加，造成家庭的经济和照料负担在加重。

第三，妇女是传统的家庭照料者，而现代社会妇女广泛就业，她们把更多的精力投入到工作之中，造成了传统的照料资源发生短缺。

第四，现代社会的人们存在广泛的生存压力。对子女们来说，当他们的父母需要照料的时候，他们的子女也正是需要抚育的时候，上有老，下有小，负担很重。生存的压力迫使他们不得不把大部分的精力都投入到生存竞争当中，而照料老人就显得心有余而力不足。

因此，虽然家庭养老依然是主要的养老方式，虽然孝道的价值观为大众所信奉，但老年人对于“孝”的理解和年轻人行孝的方式都已经发生了改变。

从老年人对于“孝”的理解上看，老年人对子女的“孝”赋予了新的含义。传统的孝，将“事亲”放在首位，所谓“父母在，不远游，游必有方”；但是现在很多子女都外出工作，他们不可能与父母住在一起，更不可能天天侍奉父母。父母对此亦表现出极大的宽容和理解，现在的父母强调子女将自己的工作做好，家庭和睦，孩子教育好，就是给父母脸上增了光，就是对父母最大的孝顺了。

如果用费孝通先生的“反哺模式”来衡量中国现代社会现实的养老状况的话，我们也会发现理想状态的“反哺”几乎是不存在的，老年人对于子女的付出与子女对于父母的回报之间具有明显的不对等性。中国的父母们对子女总有一种强烈的“责任感”，他们总是在为子女着想，对子女的付出不计回报：当子女的孩子没人带时，他们义无反顾地献出自己的晚年时光，能做多少做多少，为的是让子女们安心工作；他们坚持靠自己的力量度过自己的最后几年，考虑最多的是如何不给子女添麻烦，尽量不成为儿女的拖累，至于子女能够做到什么程度则不是他们评价子女孝顺与否的标准。

这样一种“责任感”实际上大大减轻了年轻一代赡养老人的压力，极端的发展就是现在存在的“啃老”现象。有的儿女把父母当成保姆，不用付工资，又可靠；或是双休日带者老婆孩子去父母家，风卷残云一番，名义上是看父母，实际上是自己不爱做饭，自己家是宾馆，父母家是饭馆。当父母的对儿女也有抱怨，可到时候儿女们不来还想念他们。

当然，绝大多数子女在父母需要帮助的时候还是能给父母提供帮助的，只是父母出于对子女的责任感，对于自己需要帮助的认定越来越晚了。

从子女来说，“孝”的观念确实依然是维系他们与父母关系的准绳，只是具体到怎么做才是对父母的“孝”，则随时代的变化已经发生了很大的改变：在父母身边“事亲”已不可能，“无改于父之道”被两代间的代沟所取代，“立嗣”已经不再那么重要；子女们尽量实现父母对他们的期望，不让父母操心是最大的孝。可见，现代的孝更注重年轻人的感受和利益，这是不同于传统的父权制家庭中以父母为本位的“孝道”观的。

第七章　老来是伴儿

现代中国社会的发展变迁过程对于传统的家庭影响莫过于家庭结构和规模的变动:从过去三代同堂的大家庭到现在以夫妻为核心的小家庭;这种变动的产品之一,就是儿女们长大离家后只剩老两口的"空巢家庭"。从养老的角度看,"空巢家庭"中配偶之间的相互支持显得尤为重要,对于老人来说,有老伴儿的陪伴和没老伴儿的陪伴,其生活质量是绝对不同的。老人们都很珍惜有老伴儿相处的日子,而对于没有老伴儿的老人们来说,"黄昏恋"则成为许多老人提高生活质量的一种新的尝试。

1. 鸟飞了,巢空了

我有三儿一女,都长大独立生活,家里只剩我们老两口,住两室半楼房,每月开千余元养老金,不缺吃,不缺穿。可不知从啥时起,俺俩常因些生活小事吵架,三天两日吵,越吵越邪乎,弄得吃不好饭,睡不好觉,心情不愉快。老伴儿有高血压,我得过肺结核,真担心晚年的日子过不长。

(摘自《老人世界》2001.1)

上边的事例,提出了两个问题:空巢家庭和空巢家庭中老夫妻的相处问题。

中国人自古以来崇尚三代同堂甚至四世同堂的大家庭。在传统年代我们常见的家庭发展模式是这样的：相爱或不相爱的青年男女结成夫妻，养育自己的子女；若干年后，孩子们长大了，组成了自己的家庭，有的独立生活，有的和父母生活在一起，要为父母养老送终。对于比较富裕的家庭来说，一家人一般要生活在一起，追求大家庭的乐趣。可以说，几世同堂的大家庭是中国人的理想。从我国的文学名著《红楼梦》和《家》中就可以看出这一点。但过去的社会并没有创造出使大家庭得以发展的客观条件，因为那时人们的平均寿命比较短，每家的子女数量比较多，初婚和初育年龄也比较低，从一个家庭成立之初开始，生育行为几乎就一直存在。大多数时候，当一个家庭中最小的孩子长大成人时，夫妻中的一方(主要是丈夫)就已经去世了。

但是，在现代社会中，人的平均寿命大大延长，家庭生育子女的数量也大大减少，大家庭的存在在客观上成为可能。但是，我们理想之中的大家庭并没有出现。可能性不等于现实性。

社会的发展，实际上对于大家庭形成了一种消解的力量。这种消解的力量，我们可以从这样几方面来分析。

一，我们的社会越来越工业化和城市化。工业化和城市化对人口的流动性要求大，小家庭最适合这种要求，它规模小，人口迁徙起来方便。因此年轻人成家后更倾向于自己单独居住。

二,随着经济的发展,人们的住房条件得到很大的改善,越来越多的子女与老人分开居住成为可能;收入的提高,使老人自己可以养活自己,不再依赖子女的照顾。

三,现代社会的年轻人生活压力大,他们工作繁忙,不能经常回家,也不得不让老人单独居住。

四,就是我们所说的代沟。我们都承认变化迅速的社会使两代人之间的差距越来越大。不少老人和下一代人生活习惯不同,价值观不同,很难相处,双方都喜欢分开过。这就是家庭核心化的趋势。

以上的因素是一种强大的离心力,把原本在一起的老少三代的大家庭拆散,各自组成小家庭。也就是说,在年轻人更倾向于在自己的小家庭中过日子时,老年人不可避免地被"抛"在了一边。孩子的翅膀硬了,终归要飞走,这时家庭中只剩下夫妇二人了,只有夫妇二人的生活一般还会持续十几年甚至更长的时间。这样,从家庭生命周期的角度来看,我们形象地称这个时期的家庭为"空巢家庭"。

虽然几世同堂的大家庭是中国人的理想,虽然我们很多中国人认为"空巢家庭"模式主要出现在西方社会,而且很多人可能比较反感这种使老人缺乏精神慰藉和天伦之乐的家庭模式,但是不可否认的是,无论是在城市还是在农村,"空巢家庭"的数量越来越多。事实也证明,三代同堂的大家庭是矛盾冲突最多的一种生活方式,它更主要的是为度过孩子抚育、工作变动、住宅紧张、失业(下岗)等非常态的生活困难期所实行的一种生活共同体。

一旦收入状况好转，住房条件允许，年轻的夫妇都会力争离开父母，单独立户。同样，父母们在身体状况和收入状况还可以保证的情况下，也不愿意与已婚子女同住，他们更愿意尽量长时间地生活在自己的家中，只有老人失去伴侣或需要照料时，才较多地表示愿意和子女共同生活。

由此我们看到，社会发展了，人的寿命延长了，老年人独自生活的“空巢期”就不可避免地出现了。

2.“空巢家庭”中老夫妻的相处

也有人将家庭的“空巢期”称之为“第二新婚期”。我

们在前边曾经谈到了新婚夫妇如何调适与磨合的问题。那么，空巢家庭的老夫妻，已经相处了几十年，他们也需要重新调适吗？答案是肯定的。那么为什么呢？

我们知道，夫妻俩在中年期，主要的精力投入在工作和孩子身上，每个人有自己的工作单位，生活和交往的圈子很大，夫妻间可能存在的问题，经常被一些外在的东西弱化或忽略。退休后，生活圈子变窄了，两个人在一起的时间明显增多，彼此之间频繁的互动经常陷于家庭琐事，对方的缺点变得很清楚。再加上生活单调，激情消失，彼此都可能感到枯燥和乏味，情感上反而容易造成不和谐。

究其原因，我们还是要从男女的性别分工模式上来看。虽然现代社会妇女的就业水平越来越高，但就业并没有减轻女性的家务和家庭负担，妻子仍然继续负责做饭，满足子女的日常生活需求以及照料老年的父母。典型的男人，是家庭中主要挣钱的人，他觉得他应该主要对外边的事情负责，家庭里的事情应该由妻子来做。那么当丈夫从工作单位退休后开始以家庭生活为中心时，他很难找到自己在家庭中的位置。对于妻子来说，如果以前以照顾孩子为活动中心，现在孩子们自立门户后，她会产生一种空虚感；而且，对于整天呆在家里的丈夫，她也可能不知道如何去面对。也就是说，“男主外，女主内”的分工模式妨碍了两人共同生活领域的形成。

以前的大家庭里，夫妇关系不是全部的家庭关系，夫妇二人不必整日相对，而在“空巢家庭”中，只剩下夫妇二人了，他们是彼此互动的对象，夫妻关系对于夫妻二人的意义与以前不同。假如两人之间产生什么摩擦的话，由于没有孩子在中间发挥缓冲作用，那么摩擦演化成冲突的可能性反而增大了；虽然只剩下两个人，但年轻时的激情和新鲜感已经荡然无存，“第一个新婚期”可以给夫妇双方带来充实幸福的生活，但这“第二个新婚期”却不能给人同样的预期。如果希望夫妇二人的关系在老年之后还能让自己觉得满意，是需要付出努力的。换言之，老年空巢家庭的夫妻关系同样是需要调适的。我们见到很多老年夫妻整天吵吵嚷嚷，似乎吵架是他们生活的一部分。只是老年的家庭冲突演变成离婚的可能性越来越小，所以很多人不觉得老夫妻之间的调适是个问题。

3. 少年夫妻老来伴儿

人在少年时，血气方刚，独立性强，有他(她)没他(她)一样过，不觉得夫妻是伴儿，想离就离开了。只有到老的时候，牙齿松动了，动作不灵敏了，腰身佝偻了，才觉得没有伴儿不行了。没有另一半儿，自己只能是一半儿，不完整。

据说“伴”这个字是仓颉造的，他在造这个字的时候很费了一些工夫。有一对少年夫妻相拥着走过来，甜甜蜜蜜，问仓颉他们像不像那个“伴”儿，仓颉摇头说，“像乎哉，不像也。”又有一对中年夫妻手拉手走过来，卿卿我我，问仓颉他们像不像，仓颉依然摇头。这时来了一对老夫妻，没有甜甜蜜蜜，没有卿卿我我，但是互相搀扶，一只手撒了，另一个人就会失去平衡。仓颉顿有所悟，叹息一

声,提笔写下一个“人”字,又写下一个“半”字,合成一个“伴”字,其意义不言自明:一个人只能是一半,真正的伴侣,是谁也离不开谁,缺一不可。

少年夫妻,贵在老来相扶相伴。对于老人来说,家庭和老伴儿是人生生活的最后依托。我国有的社会学家在1992年的时候曾做过一个老年人供养体系调查发现,无论是女性老年人还是男性老年人,城市老年人还是农村老年人,都将老伴儿做为除自己之外的第一照料者。老年夫妻的相互照料呈互补形式:在经济方面,男性老年人的收入通常高于女性老年人,女性老人的生活来源主要依靠自己的老伴儿;而女性经常提供更多的生活照料。在精神慰藉方面,老人们最愿意诉说心事的人也是配偶。

由于老伴儿作用的重要性,一旦失去老伴儿就会对老人的身心造成很大的损伤。对于大部分女性老人来说,丧偶意味着失去主要的生活来源;对于大部分男性老人来说,丧偶意味着精神上的孤独和生活上的无人照料。因此无论对男性老人还是女性老人,有老伴儿做伴儿,是生活质量得到保证的条件。所以说,儿孙满堂不如夫妻伴床;再孝顺的儿女,不能整天陪在你的身边;他们要工作,不可能每天为你端茶倒水;儿女们有自己的家,当你生病卧床的时候,你不好意思让儿女们为你擦身。这些事情由老伴儿来做,你就会坦然接受,心安理得。谁比得了老伴儿的作用呢?年轻时你们也许不把对方当回事,但当你们老了的时候,你就不可能不需要他(她)了。可以说,老伴儿在哪,家就在哪;老伴之间的相互支持和照顾,无论如何是子女们不能替代的。伴随着老年人口寿命的延长,空巢家庭的增多,老伴儿角色对老人晚年生活的意义越来越重要。

4. 黄昏恋:老了,再谈一次恋爱又如何?

退休前,我在子弟小学教音乐,退休后我又成了老年合唱团的指挥,我的生活是充满阳光的。如今我的一对儿女都已长大成人并有了各自的家,他们很孝顺,对我的生活关怀备至。但是,“满堂儿女,不如半路夫妻”,孤独感还是常常袭击着我。儿女们都有自己的事情,而且两代人之间的心灵也很难沟通,要不是参加合唱团的活动,我真不知道该如何打发时光。我早年丧夫,寡居多年,昔日为儿女从早忙到晚觉得很充实,如今儿女长大了倒感觉空虚了,总希望能有一个老伴儿相知相依,特别是去年九九重阳节文艺演出训练认识了袁老头后,我这种感觉更加强烈起来。袁老头是工会退休干部,喜欢舞文弄墨,九九重阳节时由他作词我作曲的合唱歌曲在重阳节庆祝晚会上获得了一等奖。袁老头前年丧妻,子女已成家立业,我们接触一段时间后,便有了相见恨晚的感觉,心里也都有了感情。但当我把这事告诉儿女后,遭到了他们的反对。女儿说,“妈,你都快60岁的人了,还谈啥子恋爱嘛!”儿子没有明着反对,只是说,怕我们以后性格不合,造成伤害。我说,妈的事情妈自己能处理好,你们不用担心。袁老头的儿

子更气人，他一提出来就立即遭到儿子的反对。原因很简单，怕婚后我分他袁家的财产。袁家儿子的话让我女儿很生气，她更加反对我与袁老头再婚，我们的爱情陷入了尴尬的境地。我们垂头丧气不知所措，儿女们的思想是无法沟通的了。唉，人老了真是没用，连个谈恋爱都不顺心，你们说，我该怎么办？

（摘自《老人世界》2001.5）

老年人的性欲，在我们的社会价值观中，基本上是被忽视，甚至愚弄和嘲讽的对象，因此经常会受到压抑。对于现在的大部分老人来说，他们在青年期几乎没有接受过关于性的启蒙教育，因此对于自己的性需求，虽然怀有渴望，但也羞于表达。在我们中国，许多老年人自动分居，尤其在农村，老人再过性生活往往被视为老不正经的表现。老人的性欲似乎有违我们现有的社会伦理道德标准，应该封杀和压抑。

据说，德国大诗人歌德在75岁时爱上了一位17岁的少女。用我们的价值观来说这简直有点大逆不道，但出于对歌德的崇拜，我们也许不会以为歌德是在单纯地追求少女的肉体。即使包含对肉体追求（不可能不包括）的性爱也是正常的，是人最基本的生理需求，不知老之将至，是人充满生命活力的象征。假如我们简单地以年龄为界，认为老人不可以谈恋爱，这种道理是说不过去的，老年人也享有爱的权利。难道我们的社会越发达，越应该限制老年人的欲望与爱心吗？

①夕阳无限好,抓紧谈恋爱

说到谈恋爱,许多人认为那是年轻人的专利。其实,爱情是没有也不应该有年龄界限的。到目前为止,没有哪项科学研究能够证明老年人不再有产生爱的能力。每个人都需要爱和被爱,爱是人类的高级情感,也是人性中最起码的需求。

孝顺儿女不如半路夫妻,老人们所需要的不是儿女亲情所能全部给予的。老人们在脱离了工作岗位后,成为被边缘化的弱势的一群,他们对人生伴侣的渴望比年轻人强烈得多。从本质上讲,人都害怕孤独,渴望被关心;老年的时候,本来他们与社会之间的联系就在减少,就更害怕孤独。孤独和孤单不利于老人的身心健康。很多研究证明,人越到老年越渴望感情,这是老年人精神慰藉中非常重要的一部分。事实上我们也看到,很多老人在失去老伴儿后身体健康会每况愈下。花前月下卿卿我我的浪漫也许是年轻人的专利,而相濡以沫、相互扶持对老人也许更实际些。老年人容易头疼脑热,年轻人身强力壮也许很少碰到这些问题,即使碰到了扛一扛就过去了,但是老年人不同,他们不容易扛过去,他们需要人照顾。

现代社会照料资源短缺。我们所处的社会是一个生存竞争非常激烈的社会,年轻人为了生计不得不拼命工作,即使有心给予老年父母更多的关心,恐怕也无力做到,或做起来很困难。以往家庭照料的工作大多由妇女来完成,现代妇女,尤其是城市妇女已经广泛就业,她们

无暇照料老人，老人只能自己照顾自己。对于丧偶的老人来说，解决老时的生活照料和精神慰藉问题，再婚是最好的选择。

其实，老人的再婚，是近些年来的新鲜事，大家还记得赵本山的小品《相亲》，两个老年人想谈恋爱又怕儿女反对，别人笑话，赵本山有这样一句台词："许你们年轻人搂搂抱抱，为什么我们老年人就得在这儿干烤(烤，读四声)。"可见那时的老年人再婚面临的压力是很大的。时至今日，在城市中人们对老年人再婚和恋爱已经从观念上认可了。这一方面表明了观念的进步，另一方面，观念变化的背后有着深刻的经济原因。关于这一点，我们只要对比一下城市老人和农村老年人的状况就会明白。在农村，老年丧偶者很少再婚，因为农村老年人没有独立的经济能力，生产资料——土地，属于家庭，老人的生活保障由整个家庭来维系。经济不独立，何来谈情说爱的资本。而城市老人就不一样了，他们有退休金可以自己支配，有自己的住房，不用儿女来养活，自己管自己，追求爱情时自然就有了底气。

当然，这是相比较而言。

②不婚同居很无奈

在现实生活中，老年人的再婚和恋爱还是遇到了这样那样的问题。现在讨论得比较多的就是老年人的不婚同居。我们不用“未婚同居”而用“不婚同居”的字眼，理由很简单，绝大多数老年人结过婚而不是未婚；当然其实质都一样，就是不履行法定的结婚手续而同居。

说到未婚同居，似乎是现时代流行在青年中的“时代病”，可是，现在竟然连老年人也加入到这个行列中来了，他们也要赶这个时髦？就算是赶时髦，为什么年轻人赶时髦可以，而老年人赶时髦就觉得别扭？难道是他们老糊涂了？这些老年人循规蹈矩一辈子，现在怎么倒变成了另类？是他们为老不尊吗？

显然，这是个复杂的问题，单纯用道德观念来判断的话不仅过于武断，而且对于我们理解此问题没有任何帮助。任何事物的存在都有其存在的理由和必然性，老年人不婚同居又何尝不是如此。

据《老年知音》报道，天津市社科院的一项调查表明，老人“再婚者”中选择不婚同居的占50%以上。他们之所以这样选择，是因为再婚的企图遇到了很多的麻烦和尴

尬。老人再婚遇到的最主要问题是财产问题。表面上看,儿女们阻挠父母再婚是觉得父母有损自己的脸面,而事实上是财产问题。儿女们考虑得很实际:老人们一般都有自己的财产,如果老人再婚,这些财产将来落到老父老母的后老伴儿手里怎么办?落到后老伴儿的儿女手里而自己得不到怎么办?老年人自己也很明白这种问题的原由,两个人情投意合想在一起,又想避免不必要的麻烦,就只好采取不结婚而同居的办法了。

另外,天津市社科院的调查还发现,老年人再婚的离婚率也非常高,达70%,这也成为许多老年人不结婚而同居的原因。许多老年人认为合得来就一起过,合不来干脆就散伙,双方都不必委曲求全,不必有什么长远打算,本来老人的未来就没多少日子了。这里涉及到老年人再婚的动机和婚后调适的难度。从老年人再婚的动机来看,老年人再婚就是想给自己找个伴儿,少给儿女添麻烦,少给自己添麻烦;两个人在一起,精神上有依托,生活上有个照应,没有太高的奢望。能实现这个愿望当然好,不能实现,简单地分手,谁也不会损失什么。从婚后调适的角度来看,年轻人的可塑性比老年人大得多,他们的婚后调适尚且是个问题,对于老年人来说,他们一辈子的生活都这样过来了,现在如果要他们为了另外一个人而改变他(她)几十年以来养成的生活习惯,这对于双方来说无疑都是一件难事。国内外对于离婚的研究均表明,第一次离婚高峰处在婚礼后不久的时期,经常是出于对配偶生活方式的适应困难。老人们生活了一辈子,参透了许多人生的道理，他们已经经过的几十年的夫妻生活使得性在老人的心目中不再神秘，道德约束力大大降低；他们不会再生育孩子，没有了后顾之忧；他们也许早就预知了婚姻中存在的种种不如意，他们觉得只要对对方好，结不结婚没关系。别老了老了，财产不要了，儿女也不要了，光图自己享受。

由此可以看出，老年人恋爱和年轻人是不同的。年轻人恋爱较少权衡利弊的理性成分，他们越是一无所有，越是义无反顾，是一种浪漫爱。而老年人在恋爱的时候是非常理性的，他们知道自己想要什么，不想要什么；自己会得到什么，会付出什么；自己有什么，自己没有什么。用经济学的观点来看，理性行为就是用最小的投入希望得到最大的产出。老人们普遍对再婚的预期“收入”不抱太高的期望：子女的态度、社会的舆论、财产的分割和继承、双方的性格磨合、再婚和离婚时政府烦琐的手续等，都是再婚需要付出的成本。显然，人们不会为了一桩经不起考验的婚姻投入很多。那么，正如奥地利的社会学家西德尔·赖因哈德所指出的，“由于当事人投入的结婚费用较少，他们在离婚时的沮丧感也就越低，婚姻的稳定性也较差。婚姻的短暂也反过来强化了结婚直接成本的低投入。”

在20世纪20年代，罗素曾经提倡年轻人实行试婚制：先在一起生活一段时间，如果不出问题（当然包括性），再考虑结婚不迟。罗素因此被纽约的法官判定为“干瘪的老流氓”。无独有偶，美国著名的经济学家，诺贝

尔经济学奖获得者贝克尔也说，“由于了解一个人的最好方法是与他一起生活，因而未婚夫妇花费一些时间在一起共同生活，或许也包括试婚，对于深入地互相了解会更有效率。从广泛、深入的寻找和接触中所获得的信息，可以用来评价婚姻候选人的性格特征。”试婚说白了就是不结婚而同居，这有点不符合我们中国人的正统观念，但是我们的老年人竟然有许多人选择这样的方式，个中的原由，值得我们深思。

对于老年人来说，不结婚而同居的好处是显然的：既能够享受有人相伴的温馨，又能避免由于结婚或婚姻破裂可能带来的麻烦。合则久，不合则分。何乐而不为呢？

在此，我们并不是提倡老年人的不结婚而同居，它由于不符合被我们这个社会广泛认同的伦理道德标准，因而会给老人带来一定的心理压力。我们只想说明一点，我们不能单纯地用道德的标准来看待这个现象，而应该看到这是老人们权衡利弊的结果，是他们理性选择的结果。什么时候老年人的恋爱成为只是老年人自己的事情，是他们感到高兴的事情，不用别人去指手画脚，我们的社会观念就真正进步了。

杨家将演义(精装)	18.00 元	灯谜猜制入门	7.80 元
杨家将演义(平装)	13.50 元	幽默笑话 200 则	4.50 元
杨家将演义(缩印本)	5.00 元	幽默笑话(续集)400 则	8.00 元
醒世恒言	35.00 元	情侣幽默笑话 400 则	8.00 元
喻世明言	26.00 元	夫妻幽默笑话 660 则	12.00 元
警世通言	26.00 元	校园学子幽默笑话 370 则	7.00 元
镜花缘	25.00 元	艺苑幽默笑话 400 则	7.50 元
三国演义(一卷本)	21.00 元	道德经	16.00 元
水浒传(一卷本)	26.00 元	南华经	27.00 元
西游记(一卷本)	23.00 元	成语歌谣 400 首	10.00 元
红楼梦(一卷本)	29.00 元	成语歌谣(续集)400 首	10.00 元
古文精选	15.50 元	中华传统蒙学经典	23.00 元
古文观止(精装)	26.00 元	中华谱牒知识问答	12.50 元
唐诗精选(精装)	29.00 元	经典民间情歌	16.00 元
唐诗精选(缩印本)	9.00 元	中国古代经典奇案	25.00 元
宋词精选	21.00 元	怎样给人留下好印象	14.00 元
三苏诗选	11.00 元	我们身边的世界品牌	16.00 元
古典爱情诗词 300 首	30.00 元	青年赠言手册	15.00 元
怎样写应用文	6.00 元	世界商战经典案例	29.00 元
实用对联三千副	7.00 元	中小企业如何做强做大	18.00 元
行业对联三千副	6.50 元	中小企业如何节省成本	17.00 元
风景对联三千副	7.50 元	中小企业如何开发新产品	17.00 元
巧妙对联三千副	9.00 元	中小企业员工培训游戏	18.00 元
喜庆对联三千副	6.50 元	怎样成为销售高手	26.00 元
古今灯谜三千条	5.00 元	中国历代文人写作拾趣	16.00 元
新编巧妙对联	17.00 元	佳联趣谈(第一集)	5.60 元
山水奇观	7.90 元	佳联趣谈(第二集)	3.80 元
台湾风景名胜对联大观	12.00 元	东周列国志(上、下册)	46.00 元
字谜解析	18.00 元	聊斋志异	